Opere di Oriana Fallaci

Opere di Oriana Fallaci

I SETTE PECCATI DI HOLLYWOOD, 1958

IL SESSO INUTILE, 1961

PENELOPE ALLA GUERRA, 1962

GLI ANTIPATICI, 1963

SE IL SOLE MUORE, 1965

NIENTE E COSÌ SIA, 1969

QUEL GIORNO SULLA LUNA, 1970

INTERVISTA CON LA STORIA, 1974

LETTERA A UN BAMBINO MAI NATO, 1975

UN UOMO, 1979

INSCIALLAH, 1990

LA RABBIA E L'ORGOGLIO, 2001

LA FORZA DELLA RAGIONE, 2004

ORIANA FALLACI INTERVISTA SÉ STESSA ∞ L'APOCALISSE, 2004

UN CAPPELLO PIENO DI CILIEGE, 2008

ORIANA FALLACI

Il sesso inutile
Viaggio intorno alla donna
prefazione di GIOVANNA BOTTERI

Proprietà letteraria riservata
© 1961-2009 RCS Libri S.p.A., Milano

ISBN 978-88-17-02835-6

Prima edizione Rizzoli 1961
Prima edizione aggiornata BUR Opere di Oriana Fallaci gennaio 2009
Quarta edizione aggiornata BUR Opere di Oriana Fallaci marzo 2009

Il testo di Oriana Fallaci pubblicato in Appendice,
«Solo dalla morte un figlio a Soraya», è uscito su «L'Europeo» il 23 settembre 1956.
Si ringrazia il Centro di documentazione RCS per la preziosa collaborazione.

L'Editore si dichiara a disposizione degli aventi diritto
per l'immagine di copertina.

Per conoscere il mondo BUR visita il sito **www.bur.eu**
Sito ufficiale di Oriana Fallaci **www.orianafallaci.com**

Prefazione
di Giovanna Botteri

Per le donne, e le giornaliste degli ultimi trenta, quarant'anni, è stato impossibile non fare i conti con Oriana Fallaci. Guardavamo le sue foto sui fronti di guerra, mentre scappava dalle fucilate sul ponte di Kien Hoa, o in mezzo ai soldati, sempre in Vietnam, con le trecce e la camicia dalle maniche rimboccate. Sognavamo di essere come lei, l'elmetto dell'inviata di guerra in testa, per conquistare un territorio professionale che fino a quel momento era stato prerogativa dei maschi, per dimostrare che potevamo essere brave e coraggiose anche se non avevamo fatto il soldato e la guerra non ci piaceva. E quell'eye-liner nero e deciso ci ricordava il fascino un po' trasgressivo di Juliette Gréco, era il segno di una femminilità orgogliosa, dell'ambizione inconfessata che le nostre madri ci avevano trasmesso. Riuscire ad avere una famiglia e una carriera contemporaneamente, senza dover scegliere l'una o l'altra.

Da quando sono arrivata a New York, mi imbatto in Oriana Fallaci ogni giorno.

All'entrata del nostro ufficio americano c'è una sua foto del 1960, anno di inaugurazione della sede Rai negli Stati Uniti. In mezzo alla folla di autorità e diplomatici lei sembra l'unica donna presente.

È giovane, bella, elegante, e negli occhi dei notabili che l'osservano c'è un misto di ammirazione e deferenza.

Perché a trentun anni appena compiuti, Oriana è già «la Fallaci».

In quello stesso anno parte per un lungo reportage che la porta in India, in Pakistan, in Indonesia, a Hong Kong e in Giappone. Fino a New York, dove tutto inizia e tutto finisce anche nella sua vita.

Il direttore de «L'Europeo» le chiede un'inchiesta sulla condizione della donna. Lei sta per rifiutare, le secca scrivere sulle donne, le pare ridicolo. Finché, racconta nella Premessa de *Il sesso inutile*, una ragazza che conosce da tempo la invita a cena e scoppia a piangere perché è infelice... il nome della ragazza non viene mai fatto, ma Oriana Fallaci la descrive. «Di molto successo: indipendente, bellina, con una casa dove può far quel che vuole, un mestiere dove riesce meglio degli uomini; insomma una di quelle ragazze di cui la gente dice che son fortunate ed hanno tutto ciò che una donna può chiedere.» Le darà un nome in *Penelope alla guerra*, suo libro successivo e suo primo romanzo, storia di Giovanna detta Giò. L'ho sempre trovato anch'io un bel nome, e ho in seguito pensato che fosse Giò l'io narrante di *Lettera a un bambino mai nato*.

Oriana allora capisce che deve accettare la sfida, e parte con le sue valige piene di pantaloni, camicie e una pelliccia, alla ricerca della felicità. Non è uno sguardo asettico o antropologico quello che si ferma sulle «farfalle di ferro» indiane, sulle Tan-Ka, le intoccabili di Hong Kong, le matriarche della Malesia, o le geishe giapponesi. È uno sguardo interessato, partecipe e parziale. Oriana Fallaci si fa raccontare la vita dalle donne che incontra e allo stesso tempo racconta la sua. Nelle lacrime della sposa-bambina di Karachi ritrova la sua rabbia contro le società che fanno della donna «pacchi di stoffa senza volto né corpo né voce», da nascondere agli occhi esterni, da barattare fra una famiglia e l'altra, strumento del potere maschile che si trasmette dal padre ai figli. Si ribella al purdah, alla pratica del velo che deve nascondere la donna agli occhi degli uomini, che costringe trecento milioni di donne a vivere «dietro la nebbia fitta di un velo e più che un velo è un lenzuolo il quale le copre dalla testa ai piedi». Poco importa alla Fallaci se si tratta di un foulard o di un burkah. È comunque la prigione in cui vivono le donne nel regno sterminato dell'Islam. Senza ribellarsi, ma stringendosi «in gruppo, abbassando la testa come fanno le pecore quando hanno paura». E Oriana si sente già nel 1960 «come l'unica donna sopravvissuta a un diluvio universale dove siano affogate tutte le donne del mondo». Una sensazione che proverà trent'anni dopo, nel Libano di *Insciallah*, e a New York, dopo l'attentato alle Torri gemelle del 2001.

Il sesso inutile è un viaggio per scoprire se le donne possono essere felici, ma è anche un percorso iniziatico all'interno del potere e dei suoi meccanismi. È il 1960, siamo agli inizi del femminismo, ed è importante capire se il potere è sempre uno strumento orribile, conquistato dalle persone più ambiziose, o più furbe. Ed è ancora più importante capire cosa succede quando le donne, invece di subirlo, lo esercitano. Dopo il Pakistan delle spose disperate, Oriana se ne va a New Delhi, per incontrare la donna più potente dell'India, la Rajkumari Amrit Kaur. La Rajkumari le piace subito, perché assomiglia a sua nonna, «quando andava al mare e si vestiva di bianco coprendosi con un fazzoletto bianco la testa per ripararsi dal sole». L'intervista che si svolge nella casa sulla collina non ha niente a che fare con le solite interviste che allora pubblicavano i settimanali. Oriana Fallaci reinventa i ruoli, diventa protagonista della storia assieme al personaggio che racconta. Entra nelle case, nelle abitudini delle donne indiane più moderne, si confronta con le loro aspirazioni, i loro sogni e le loro debolezze. Le innocue farfalle con i sari leggeri come ali si sono trasformate in farfalle di ferro come la vecchia Rajkumari. Hanno il potere, ma nessuna garanzia di felicità.

Oriana si spinge nella giungla del Negri Sembilan, Stato della Confederazione malese dove vivono le matriarche, che la leggenda dice essere forse le più felici del mondo. Sono le donne che non hanno paura, diventate le padrone della giungla mentre i loro mariti erano assenti, impegnati nella caccia oppure in guerra, e tutti scappavano in luoghi più sicuri. I soldati hanno bruciato le loro capanne, e loro le hanno ricostruite. La guerriglia ha distrutto i campi, e loro hanno ripiantato il riso. Nella giungla non ci sono strade asfaltate, né macchine, niente. Un posto terribile, dice la guida locale, dove nessuno vuole vivere, dove solo donne molto forti o molto felici possono farcela.

Matriarche che comandano, che seducono gli uomini nei boschi, e poi si scelgono i mariti da cui avranno devozione e obbedienza, dove è lo sposo a prendere il nome della moglie, perché a lei appartiene la terra. Donne abituate a vivere comunque senza l'aiuto o la protezione degli uomini.

Matriarche come Apollonia, Montserrat, Teresa o Anastasìa, le incredibili donne delle quattro famiglie Fallaci, Launaro, Cantini e Ferrier da cui Oriana discende e che lei stessa racconterà nella saga postuma di *Un cappello pieno di ciliege*.

Gli uomini sono lontani. Amati ma lontani. Destinati a incontri appassionati, più o meno frequenti a seconda dell'età. Padri necessari dei bambini da far nascere per ripopolare la giungla.

Le matriarche non votano, perché pensano sia «una sciocchezza e serve solo ad eleggere uomini prepotenti». Ma sono pronte a farsi strappare i denti d'oro dalla bocca per comprare ai loro figli gli occhiali più grossi dell'isola. Sono capaci di portare avanti la propria guerra, con coraggio e determinazione. Destinate a farsi sconfiggere dalla storia, vivono nel rispetto e nell'amore della libertà. Le uniche donne felici di questo lungo viaggio.

Per le donne incontrate ne *Il sesso inutile* la felicità ha molto a che fare con la libertà e poco con il potere. E resta legata in modo spesso oscuro e misterioso agli uomini e all'amore, mai al matrimonio. A Singapore Oriana cerca un'altra parte di se stessa, quella più fragile, nascosta, dove la razionalità non riesce a tenere a bada il cuore. Vuole incontrare un'eroina romantica, la scrittrice cinese che sfidò tutte le convenzioni e si innamorò di un corrispondente di guerra americano. La sua storia divenne un film famosissimo, con William Holden e Jennifer Jones, *L'amore è una cosa meravigliosa*. L'ho visto con mia madre decine di volte, lei piangeva sempre e io sognavo di incontrare un giorno il mio Mark Elliott, fascinoso giornalista del «Times». Anche la Fallaci sta sognando mentre entra nella casa di Han Suyin, sulla collina di Johore Bahru. Non vuole nemmeno farle una vera e propria intervista. Vuole soltanto vedere se è più bella o più brutta di Jennifer Jones, vuole soprattutto capire se «questa donna così coraggiosa da narrare senza scrupoli ipocriti o finzioni letterarie la sua storia d'amore» sia felice o infelice.

Han è forse più bella della Jones; fa il medico e cura malati, adulti e bambini che non sanno assolutamente che il loro dottore fa anche la scrittrice. È una donna intelligente, forte, anticonvenzionale, e infelice.

Una sorta di maledizione ha distrutto i suoi amori: il primo marito, poi lo stesso Mark Elliott, morto in Corea, fino all'ultimo marito che se n'è andato. «Non le serviva niente, dunque, essere Han Suyin: bella, celebre, ricca?»

Tredici anni dopo, in Grecia, Oriana Fallaci conoscerà

l'uomo della sua vita, Alexandros Panagulis, Alekos, intervistato subito dopo il suo rilascio dalle prigioni dei Colonnelli. Sarà lui che le farà vivere un amore tormentato e terribile, che le farà conoscere le ferite della guerra che nessuno può vedere, che la costringerà a combattere fino alla sconfitta finale, l'incidente d'auto in cui trova la morte. In quel momento Oriana riprenderà metaforicamente la strada della collina di Johore Bahru, e scriverà anche lei senza scrupoli ipocriti o finzioni letterarie la sua storia d'amore con Alekos. *Un uomo*, letto da milioni di persone, sarà la sua definitiva consacrazione internazionale.

L'intervista a Singapore con Han Suyin si trasforma in un incontro premonitore, e la piccola cinese diventa un'amica, una sorella, uno specchio. Le racconta che non bisogna scrivere per il successo, ma solo per sentirsi meno infelici. Che non bisogna avere idee preconcette. E che la verità «assomiglia ai ferri chirurgici: fa male ma guarisce».

Oriana Fallaci ha sempre odiato i ferri chirurgici, e la verità che fa male. Ma poteva permetterselo. Faceva la giornalista, non il medico come Han, ed era pronta a pagare di persona. Alla povera Intoccabile, la Tan-Ka, che vive sulla giunca nelle acque putride del fiume Shau Ki Wan senza scendere mai a terra, spezzandosi la schiena tutto il giorno e lavorando senza sosta, sceglie di non dire la verità sull'amata figlia maggiore. Mandata dalla madre a Hong Kong perché la sua vita fosse più facile, più decente sulla terraferma. Ma Teresa è finita a fare una vita più miserabile delle Intoccabili, prostituta in un night-club, schiava moderna della povertà, peggio di sua madre. È il mondo delle donne cinesi, dove la parola amore è tabù e non deve essere mai pronunciata, e il matrimonio un diritto inalienabile delle donne perbene, quelle che temono i peccati carnali e l'erotismo. La descrizione della trentenne direttrice editoriale di successo è quasi comica: «Assomigliava a una zitella senza speranza e la sua voce ricordava il pigolio di un pulcino».

A differenza delle cinesi, per le giapponesi, asiatiche più ricche ed evolute, uno spiraglio si è aperto alla fine della Seconda guerra mondiale, quando sono sbarcati i GI, i soldati americani, che sono altissimi e biondi, annota la Fallaci, masticano chewing-gum e cedono cavallerescamente il passo alle donne, «intimiditi perché venivano da un paese dove da un secolo esse erano le vere padrone». Così le giapponesi hanno vinto la guerra che i loro uomini hanno perso. Se ne sono andate con i soldati americani alti e biondi, mentre i loro uomini, scrive impietosamente Oriana Fallaci, sono piccoli e bruni. Nel primo anno di occupazione ci sono stati trentacinquemila matrimoni misti nella sola Tokio, quindicimila a Osaka. A quelle che invece hanno scelto di restare con i piccoli bruni locali, gli americani hanno lasciato una doppia eredità. La pentola a pressione con cui cucinare il riso in pochi minuti, e il controllo delle nascite. Nel 1960 Oriana Fallaci è molto vicina alle posizioni femministe che rivendicano il diritto delle donne alla gestione del proprio corpo. Ma qualcosa della politica demografica giapponese e delle sue parole d'ordine la turba: «Le ripetevano ogni giorno medici e deputati, giornalisti e assistenti sociali, direttori delle cliniche governative dove *gettare* un bambino costa appena seimila yen, dodicimila lire italiane». La turba soprattutto, ancora una volta, la mancanza di amore. I matrimoni non devono essere matrimoni d'amore. Devono essere d'interesse, *omiai*, matrimoni arrangiati, per il bene di tutti. Ne sono convinte anche le donne più moderne, emancipate, come la ricchissima regina delle perle Mikimoto. «I matrimoni d'amore portano all'incomprensione e al divorzio», si sente dire Oriana dalla bella Sumiko, che ha sposato il signor Mikimoto, bruttino e poco affascinante, per non dispiacere alla famiglia e non rinunciare a un immenso patrimonio. «Il mio matrimonio è felice. Mio marito mi ama e io lo amo. Siamo arrivati all'amore senza indulgere al flirt.» È il concetto di matrimonio come contratto sociale e non come atto d'amore. È un legame fra due famiglie, non l'unione di due persone che si vogliono bene, pensa l'ottanta per cento delle giapponesi. Per il restante venti per cento le donne sono geishe. Accompagnano i mariti delle altre al ristorante, nei viaggi, «perché una moglie perbene sta in casa e non si mostra come una ballerina alla gente». Li intrattengono ma mai sessualmente, a questo ci deve pensare la moglie. Le geishe sono asessuate, non si sposano, non hanno amanti. La Fallaci le descrive come farfalle morte. Hanno tutto. «Lusso, protezione, rispetto, uomini intorno. Come mogli, finirebbero col subire le regole delle mogli. E si annoierebbero molto di più.» E ancora una volta si chiede dove sia la felicità fra le donne che si sposano per convenienza e le geishe che vengono esibite come trofei. Se forse, semplicemente, le donne, sesso inutile, non ne abbiano diritto. È probabilmente la sua caparbietà toscana che la porta a trascinare il fotografo che l'accompagna, Duilio Pallottelli, nell'ultimo paradiso perduto, le Hawaii. Devastate dal perbenismo bigotto dei primi missionari, snaturate dal turismo, le isole americane «odorano di morte». L'unica donna viva è una nera gigantesca, Mary Kawena Pukui, la sola vera hawaiana di Honolulu. Che le spiega come la hula non sia il dimenare sconcio dei fianchi che si vede nei film, ma «un linguaggio femminile e fantastico che coi gesti narrava una storia, sull'accompagnamento di una musica lenta». La hula è stata distrutta, così come il linguaggio e le donne dell'isola. E l'emancipazione è stata lo strumento della distruzione, secondo Mary. Gli uomini che rispettavano le donne ora le temono. Le amavano, e ora le tollerano. Parlare di uguaglianza ha portato la diversità. Sa quel che cerca Oriana, dice, ma sa anche che non lo troverà. «Troverà donne simpatiche, più simpatiche forse di quelle che ha trovato finora. Troverà donne nuove, più nuove di quante ne abbia incontrate finora. Ma non troverà le donne libere e felici perché esse non esistono più.»

La Fallaci naturalmente non le crede. E si mette a cercarle fra le piccole isole dell'arcipelago delle Hawaii, «il più grosso centro di zitelle» che esista in America, perché le donne qui vivono da sole, ma in perfetta uguaglianza con gli uomini. Con un odore di morte che non si riesce a coprire.

New York. Il viaggio attorno alla donna finisce qui. E non poteva essere altrimenti. Oriana Fallaci ci arrivò per la prima volta nel 1956. Era sempre stato il suo sogno. Quando cammino dalle parti di casa sua, cerco di immaginarmi come deve essere stato il primo impatto con la città. Non avrà avuto la faccia annoiata che vedo ogni giorno sul muro del mio ufficio. Mi piace pensarla sorridente, bellissima e pronta a conquistare tutti, come quando si lasciò fotografare da Ugo Mulas. Deve esser andata così, perché riuscì a conquistare Hollywood immediatamente e con le interviste e i retroscena pubblicò il suo primo libro, *I sette peccati di Hollywood*. E la prefazione gliela scrisse Orson Welles.

Le sue interviste passavano sul «New York Times» e il «Washington Post», e i suoi ritratti su «Vogue» e «Time». La Boston University raccoglieva e catalogava le sue bozze e il suo lavoro, gli altri college la invitavano per le *lectures* dei suoi libri. Tutti i Mark Elliott della stampa americana saranno stati ai suoi piedi. Era questa la felicità, allora? La città «dove le donne comandano come in nessun'altra parte del mondo»? E dove combattono «la guerra contro i maschi aviliti; forti, potenti, e maledettamente sole». Maledettamente sole, ancora, e sempre. Ecco come vivono nella New York dove Oriana sceglierà di vivere, lontano dall'Italia. «La sera... una malinconia disperata appannava loro il cuore e il cervello: tutta New York sembrava sussultare dei loro rabbiosi sospiri. Così riscappavano fuori e di nuovo la subway le inghiottiva per sputarle dinanzi ad un cinematografo o un bar dove si sarebbero ubriacate, sole, a pensare quanto è ambigua la loro vittoria». Bruciante, dura, spietata, la metropoli della Fallaci è la versione gotica dei racconti glamour di *Sex and the City*. Con una aggravante. L'uomo americano è una creatura inferiore, e «la donna americana è un uomo». Il progresso le ha reso la vita più facile, e più lunga. Costringendola a vivere «in un mondo di uomini deboli, incatenati a una schiavitù che essi stessi alimentano e di cui non sanno liberarsi». Un mondo sbagliato, fatto di solitudine, esattamente come quello della sposa-bambina pakistana ridotta ad un pacco di stoffa. Perché comunque per la donna, sia essa ricca o povera, potente o sottomessa, non c'è scampo all'infelicità.

Alla fine del suo viaggio Oriana Fallaci scopre «come Caino intorno alla luna» di esser tornata al medesimo punto da cui era partita: «E in quel girare avevo seguito la marcia delle donne intorno a una cupa, stupidissima infelicità».

dicembre 2008

IL SESSO INUTILE

A mia sorella Neera

Premessa

Era estate quando il direttore del giornale mi domandò se volevo fare un giro per il mondo fermandomi soprattutto in Oriente. Naturalmente, spiegò, bisognava attendere che la stagione delle Grandi Piogge fosse finita: insomma avrei dovuto partire in inverno. L'espressione Grandi Piogge ha sempre il suo effetto, un po' come dire "il duca di Norfolk mi ha raccontato..." oppure "non so se conosci quel ristorantino in via Cechov a Leningrado...". Perfino un giornalista uso a recarsi in paesi lontani e privo di qualsiasi illusione sull'eccezionalità di certi viaggi finisce col restarne impressionato, e interessarsi alla cosa. «Perché no?» risposi. «Che dovrei fare in Oriente?» Avrei dovuto fare, egli aggiunse, un reportage sulle donne. E a questo punto l'espressione Grandi Piogge perse il suo effetto.

Per quanto mi è possibile, evito sempre di scrivere sulle donne o sui problemi che riguardano le donne. Non so perché, la cosa mi mette a disagio, mi appare ridicola. Le donne non sono una fauna speciale e non capisco per quale ragione esse debbano costituire, specialmente sui giornali, un argomento a parte: come lo sport, la politica e il bollettino meteorologico. Il padreterno fabbricò uomini e donne perché stessero insieme, e dal momento che ciò può essere molto piacevole, checché ne dicano certi deviazionisti, trattare le donne come se vivessero su un altro pianeta dove si riproducono per partenoge-

nesi mi sembra privo di senso. Ciò che interessa gli uomini interessa le donne: io conosco uomini (assolutamente normali, badate) che leggono «Harper's Bazaar» e donne (assolutamente normali, badate) che leggono il "fondo" del «Times»: ma non per questo sono più cretini o cretine degli altri. Così, quando qualcuno mi chiede: «Lei scrive per le donne?» oppure «Lei scrive sulle donne?» io mi arrabbio profondamente. In questo caso, poiché c'erano di mezzo le Grandi Piogge, mi guardai bene dall'arrabbiarmi. Risposi che ci avrei pensato.

E ci pensai. Ero disposta a rinunciare alle Grandi Piogge piuttosto che partire senza credere in quel reportage. Per molti mesi, infatti, sembrò proprio che vi rinunciassi. Poi accadde un episodio imprevisto. Una ragazza che conosco da tempo mi invitò a cena, e a metà della cena scoppiò a piangere dicendo che era molto infelice. Era una ragazza di molto successo: indipendente, bellina, con una casa dove può far quel che vuole, un mestiere dove riesce meglio degli uomini; insomma una di quelle ragazze di cui la gente dice che son fortunate ed hanno tutto ciò che una donna può chiedere. La gente, e io per prima, non sospettava davvero che essa potesse sentirsi infelice. E per consolarla le rammentai ciò che aveva. «Quanto sei scema» singhiozzò lei soffiandosi il naso. «Mi lamento proprio di quello che ho. Ti senti più felice all'idea di poter fare ciò che fanno gli uomini e divenire magari presidente della Repubblica? Dio, quanto vorrei essere nata in uno di quei paesi dove le donne non contano nulla. Tanto, il nostro, è un sesso inutile.»

Il discorso mi turbò un poco. E come un tale che non si ricorda di avere le orecchie perché ogni mattina se le ritrova al suo posto, e solo quando gli viene l'otite si accorge che esistono, mi venne in mente che i problemi fondamentali degli uomini nascono da questioni economiche, razziali, sociali, ma i problemi fondamentali delle donne nascono anche e soprattutto da questo: il fatto d'essere donne. Non alludo solo a una certa differenza anatomica. Alludo ai tabù che accompagnano quella differenza anatomica e condizionano la vita delle donne nel mondo. Nei paesi mussulmani, ad esempio, nessun uomo ha mai nascosto la faccia sotto un lenzuolo per uscir nelle strade. In Cina nessun uomo ha mai avuto i piedi fasciati e ridotti a sette centimetri di muscoli atrofizzati e di ossa rotte. In Giappone nessun uomo è mai stato lapidato perché la moglie ha scoperto che non era vergine. (Si dice così per un uomo? Vedete: non esiste nemmeno la parola). Però tutte queste cose accaddero e accadono ancora alle donne. Fu così che mi accorsi come l'idea del mio direttore non fosse affatto balorda, e come sarebbe stato interessante avvicinare le donne degli altri paesi, e capire se sono più felici o infelici della mia amica che si soffiava il naso in modo così sconsolante. Quando venne l'inverno e le Grandi Piogge finirono, risposi al mio direttore che ero pronta a partire.

Allora studiammo l'itinerario. Perché, intendiamoci, cosa significa fare il giro del mondo? Se prendete il discorso alla lettera, significa recarsi in ogni angolino della terra, dalla Lapponia al Sud Africa, dalla Nuova Caledonia all'Alaska: sinceramente questo era un po' troppo. Prima che finissimo un simile giro, gli astronauti sovietici sarebbero arrivati su Venere e avrebbero scoperto le venusiane e l'interesse per le donne del nostro pianeta si sarebbe già estinto. Inoltre io non volevo scrivere un libro di etnologia e raccontare come le esquimesi cuociono la carne di foca o come le consorti dei cacciatori di teste riducono alla grandezza di un uovo la testa di un esploratore imprudente. Volevo solo percorrere un lungo tratto di terra che mi consentisse di studiare tutte le situazioni possibili in cui vengono a trovarsi le donne, per colpa loro o di certi tabù. Così decidemmo che la cosa migliore era ripetere, all'incirca, il viaggio di Phileas Fogg. Dall'Italia sarei passata al Pakistan, poi all'India, poi all'Indonesia, poi alla Cina se mi avessero dato il visto (ma non me lo dettero e dovemmo contentarci di Hong Kong), poi al Giappone, alle Hawaii, agli Stati Uniti d'America e di nuovo l'Italia. Come Phileas Fogg avrei anche avuto un compagno di viaggio, e con questo non voglio dire che si trattasse di un Passepartout: il mio compagno di viaggio era Duilio Pallottelli, fotografo, e in virtù dell'uguaglianza dei sessi non mi avrebbe portato le valige come un Passepartout. Quindi andammo all'Ufficio d'Igiene dove ci bucarono da tutte le parti perché non prendessimo il tifo, la febbre gialla, il vaiolo, il colera. Chiedemmo quegli stupidi timbri che si chiamano visti e che i sacerdoti delle carte da bollo ritengono indispensabili per varcare i confini. Ascoltammo con falsa compunzione il direttore che raccomandava di non perdersi dietro il folclore e scrivere cronache secche. E partimmo.

Portavamo con noi una decina di macchine fotografiche, una macchina da scrivere, un biglietto di aereo che sembrava una fisarmonica tanto era lungo, infine una immensa sincera curiosità. Eh, lo so bene che oggigiorno gli impiegati della Rinascente vanno a Bombay con la medesima facilità con cui i nostri nonni andavano a Vienna e a Parigi; io stessa vado e torno nel giro di una settimana a Teheran o a New York per fare un articolo che il giorno dopo sarà già vecchio. Ma non ci si libera facilmente dalla suggestione che accompagna un viaggio del genere e perfino gente avvezza all'indifferenza della vita moderna mi guardava con un poco d'invidia e mi dava consigli: «Attenta a non spingerti troppo nei quartieri proibiti». «Ricordati che all'equatore ci sono i serpenti.» «Beata te che vai al caldo.» Duilio, che da autentico romano non si scompone per niente e se incontrasse un abitante di Marte lo guarderebbe con uno sbadiglio, era tutto agitato. Mi tormentava col problema delle borse refrigeranti dove avrebbe custodito le pellicole per proteggerle dal grande calore. Mi chiedeva quante giacche di lana avrebbe dovuto sostituire con giacche di li-

no. E: «Dimmi: è vero che le giapponesi ci lavano entrando nude con noi nella vasca? È vero che a Hong Kong è così facile portarsele a letto? È vero che le indiane conoscono centoquarantasei modi per fare l'amore?». Il suo interesse, ammettiamolo, non era rigorosamente giornalistico: partendo da Ciampino già pregustava il momento in cui sarebbe tornato per raccontare agli amici l'avventura con una certa cinese, una certa giapponese, una certa indiana, e il suo volto giovane sorrideva beato all'attesa. Ma allo stesso modo in cui egli commetteva quel banale peccato, io ne commettevo un altro non meno banale (malgrado esulasse dall'attesa di un certo cinese, di un certo indiano, di un certo giapponese, avventure che avrei evitato senza rimpianto). Nuotavo, ecco, in una fantasia di Grandi Piogge e statue di Buddha e templi di Shiva e canoe polinesiane. Quando l'aereo si alzò, pensai con gratitudine alle lacrime dell'amica infelice. E solo allora mi tornò alla mente che non ero un Phileas Fogg impegnato in una amena scommessa: bensì una donna impegnata in un lavoro difficile.

L'idea occupò buona parte del viaggio tra Roma e Karachi. Ad Ankara scendemmo per la sosta della benzina e l'attesa in questa città, che è l'ultimo pezzo d'Europa alle porte dell'Asia, mi sembrò quasi simbolica. Ankara era sotto la neve, dai vetri dell'aeroporto si vedeva solo quel bagliore gelido, bianco. E anche le turche mi sembravano gelide, bianche nel ricordo che avevo di loro. Sono donne talmente evolute le turche. Lo avevamo ben visto, io e Duilio, durante un altro viaggio ad Ankara.

«Ti ricordi di Sua Eccellenza Adilé Aylà?» chiesi a Duilio.

«Mio Dio!» rispose Duilio. E rabbrividì all'immagine di Sua Eccellenza che sedeva come un'ape regina circondata dai fuchi in un ufficio del Ministero degli Esteri. I fuchi erano i suoi segretari che le ronzavano intorno spargendo sorrisi di miele e tremavano tutti, ubbidendole: perché Sua Eccellenza,

col cappellino verde e il busto che la obbligava a star ritta come si conviene a un'ape regina, faceva paura. La paura che fanno le donne le quali, quando sono potenti, lo sono sempre più di un uomo potente.

«Ti ricordi del tenente Turkan Gulver?»

«Mio Dio!» rispose Duilio. E di nuovo rabbrividì all'immagine della brutta ragazza infagottata nell'uniforme color kaki che si faceva intervistare col suo generale in una caserma di Ankara. Il tenente Gulver aveva ventiquattr'anni e il corpo tozzo delle donne di Kars, la regione ai confini della Russia dove è nata. Aveva un volto largo di contadina e capelli corti un centimetro, sotto il cappellone a visiera. Il suo generale raccontava quale meraviglioso soldato essa fosse, ubbidiente, inimitabile nel sopportare le marce, invincibile nelle gare di tiro, e lei ascoltava con le braccia rigide, i piedi riuniti, muovendo il collo perché aveva la cravatta un po' stretta, e a ogni domanda arrossiva di un rossore paonazzo che le bruciava le orecchie fino a renderle blu. C'era in lei il terrore di una lucertola chiusa dentro una scatola e anche i suoi occhiolini ricordavano quelli di una lucertola. Infatti non avevano quasi le ciglia. Eravamo stati cattivi con lei, come ragazzi che si divertono a strappare la coda a una lucertola, ma il suo terrore mi induceva alla rabbia e interrogandola mi chiedevo cosa l'avesse indotta a lasciare la regione di Kars, che mi descrivono una terra di rose e di verde, dove è dolce allevare bambini e galline, per diventar prigioniera di una caserma.

«Ti ricordi di Suo Onore Muazzez Tumer?»

«Mio Dio!» rispose Duilio. E stavolta ridemmo all'immagine di quella donnina dal viso avvizzito, chiusa dentro una toga dalle nappe dorate e arrampicata in cima a uno scanno per la più grave funzione che possa toccare a una creatura civile. Ridevamo non perché i maschi siano più dignitosi delle femmine quando giudicano le colpe degli altri, a volte lo sono as-

sai meno, ma perché Suo Onore Muazzez Tumer aveva un'aria talmente sbagliata, quel giorno. Poi l'avevamo rivista in un club con una collega che era presidente del Tribunale di Cassazione e, per paura che ciascuna rubasse all'altra la scena, si tiravano pedate sotto la tavola finché Suo Onore Muazzez Tumer aveva vinto esclamando: «Io ho condannato a morte tre uomini!». «Tutti insieme?» avevo chiesto, allibita. «Tutti insieme» aveva risposto, contenta. «E cosa fece dopo aver letto una tale sentenza?» «Spezzai la penna con cui l'avevo scritta.» «Capisco. Doveva essere molto turbata.» «Ma no, che sciocchezze. Spezzai la penna perché si usa così.»

Eh, sì: lasciavamo un mondo sotto la neve di Ankara. Quando la sosta finì, risalimmo sull'aereo e ci scaldava una illusione di estate, di cammelli che procedono lenti nel caldo facendo tintinnare le collane di gesso, di donne che ci avrebbero offerto l'esempio di un'antica saggezza. Ciò che segue è il racconto di quello che accadde dal momento in cui scendemmo a Karachi al momento in cui lasciammo New York: di quello che vidi, di quello che udii, e di quello che credo di aver capito.

I

Un corvo, nel buio, gridò come un bambino impazzito. Mi ritrassi di scatto dalla finestra. Del resto, dalla finestra del Beach Luxury Hotel non si vedeva gran che. Doveva esserci il mare da qualche parte, ma non se ne udiva nemmeno il rumore perché l'impianto dell'aria condizionata superava tutti i rumori, escluse le grida dei corvi. Alla finestra c'era una grata fitta, per arrestare le mosche. Oltre la grata si scorgeva, incerto, il giardino: con gli alberi accesi di lampade gialle rosse ed azzurre, gli europei accasciati su poltrone di vimini e intenti ad asciugarsi il sudore con un fazzoletto che indovinavi bagnato. Dalla terrazza che sovrasta l'ingresso del Beach Luxury Hotel, costruito cinquant'anni fa dagli inglesi in un pomposo stile coloniale, si vedeva invece la strada, dove automobili lucide scansavano con sterzate rabbiose i cammelli, e poi si vedeva una distesa di sassi, e poi un deserto di sabbia, e poi uno smorto chiarore che era il centro di Karachi, alle dieci di sera.

Uscii dalla camera e mi incamminai per il corridoio a dimenticare lo smarrimento che ti dà un paese dove non trovi niente di familiare: né l'aria, né le facce, né il cielo che la sera si dipinge di uno scurissimo smalto e di una luna aggressiva come un coltello. Un servo nero ed ossuto era accucciato per terra e mi fissava con immobili occhi pazienti. Dalla porta socchiusa della sua stanza udivo Duilio che fischiettava. Fui per chiamarlo ma cambiai subito idea. Faceva troppo caldo, ero stanca, l'indomani mi attendeva una serie d'appuntamenti noiosi: sarei andata a dormire. Invece, come sempre accade quando avverti nell'aria qualcosa ma non sai bene che cosa, mi sorpresi a scendere in giardino, accasciarmi come gli altri su una poltrona di vimini, domandare un whisky. E fu qui che, alzando uno sguardo distratto, la vidi.

Certo non mi accorsi subito che fosse una donna perché da lontano non sembrava nemmeno una donna: voglio dire qualcosa con un volto, un corpo, due braccia e due gambe. Sembrava un oggetto privo di vita o un pacco fragile e informe che uomini vestiti di bianco conducevano verso l'uscita con enorme cautela, quasi avessero avuto paura di romperlo. Il pacco era coperto, come le statue che si inaugurano in Occidente sulla pubblica piazza, da una cascata di stoffa, e la stoffa era rossa: d'un rosso squillante e sanguigno, interrotto da ricami d'oro e d'argento che si accendevano alla luce delle lampade di bagliori un po' cupi.

Non si vedeva proprio nulla all'infuori di quel rosso con l'oro e l'argento. Non si vedevano mani, né piedi, né una forma che assomigliasse alla forma di una creatura che tuttavia si muoveva, lentissimamente, come una larva che si trascina in un buco ed ignora cosa l'aspetta nel buco. Dietro veniva un uomo giovane e snello, con la giacca lunga di damasco dorato, i pantaloni dorati e stretti secondo la moda dei pakistani, il volto liscio e rotondo, e una ghirlanda di fiori sopra la testa. Poi venivano altri uomini, alcuni vestiti come lui ma di bianco, altri vestiti all'europea. Poi venivano alcune donne velate, altre in sari, e il corteo procedeva senza rumori o parole o risate in un silenzio da funerale. A convincermi che non si trattasse di un sogno restava soltanto quello stridore di corvi che ora svolazzavano con schiaffi di ali sul pacco. Il pacco però non si curava di loro: allo stesso modo di un oggetto che non vede e non sente.

Corsi a chiamare Duilio per chiedergli se ci capiva qualcosa. Duilio venne ma non capì nulla. Allora chiesi ad un europeo e lui si strinse nelle spalle: non gli interessava. Allora chiesi ad un pakistano che chiudeva il corteo e la domanda lo divertì.

«Cos'è?»

«Niente» rispose. «Una donna.»

«Cosa fa?»

«Niente» rispose. «Si sposa.»

«Dove va?»

«A casa» rispose.

«Mi faccia venire, la prego.»

«Perché? Il matrimonio mussulmano è una faccenda privata.»

Gli dissi perché. Sorrise e promise di fare qualcosa ma ad un patto: che non dicessimo agli altri la verità su quella intrusione e che non chiedessi il nome dello sposo, né tantomeno lo pubblicassi.

«Nemmeno quello della sposa» promisi.

«Oh, quello non conta. La sposa non conta.»

Sempre lentissimamente, con la sua andatura di larva impaurita, il pacco rosso era arrivato in fondo al giardino.

«Perché cammina così?» domandai. «È cieca?»

«No. Ha gli occhi chiusi» rispose.

«Perché ha gli occhi chiusi?»

«Perché non deve vedere il marito» rispose.

«Non lo ha già visto?»

«No. Non lo ha mai visto» rispose.

Lo sposo salì su una automobile coperta di fiori. S'era tolto la ghirlanda, sembrava contento, e il mio pakistano disse che nemmeno lui conosceva la sposa, però aveva visto la fotografia che gli era piaciuta. Se la ragazza non gli fosse piaciuta, pazienza. Avrebbe scelto un'altra moglie: con la benedizione di Allah, non gli mancavano i soldi. Il pacco rosso, invece, fu deposto sulla seconda automobile, priva di fiori, e alcune donne gli sedettero accanto, con l'aria di volerlo proteggere da qualcuno che potesse rubarlo. Gli invitati, compresi Duilio e me, salirono su altre automobili. Duilio era perplesso, diceva che questo era un modo per cacciarsi nei guai. Come avrebbe giustificato la borsa delle macchine fotografiche e le fotografie che avrebbe fatto? «Direte che siete marito e moglie in viaggio di nozze e avete la mania di fotografare la gente» disse, conciliante, il mio pakistano. Era gentile, il signor Zarabi Ahmed Hussan. Aveva studiato a Cambridge e parlava uno splendido inglese. Poi il corteo partì. Viaggiammo per circa mezz'ora, nel buio, e siccome tutte le strade di Karachi si assomigliano non capimmo mai dove andammo. Più tardi lo stesso signor Zarabi Ahmed Hussan ci avrebbe riportato in albergo e così, quando tentammo di ritrovare la casa per portare alla sposa un mazzo di fiori, girammo a vuoto per mezza giornata finché decidemmo di rinunciare e il mazzo di fiori, ormai appassiti, finì su un marciapiede, calpestato da tutti.

La casa era una casa moderna, ancora fresca di calce. L'auto dello sposo era arrivata da cinque minuti ed ora qualcuno gli faceva girare intorno una capra, per augurargli prosperità. La sposa era arrivata, anche lei, ma subito l'avevano nascosta: così la capra augurava prosperità soltanto al marito. Entrammo e le stanze erano quasi prive di mobili, come le tipiche stanze mussulmane. Solo a terreno c'era una specie di sala da pranzo con una tavola dove era stato preparato il rinfresco a base di riso col curry, carne di montone e acqua fresca. Gli uomini entrarono subito lì, insieme allo sposo, e incominciarono a mangiare senza cucchiaio né forchetta, sporcandosi tutte le mani. Le donne invece salirono al primo piano dove c'era un gran baldacchino, e nient'altro. Per terra c'era una stuoia di paglia. Sulla stuoia sedevano alcuni bambini e altre donne, alcune delle quali si erano tolte il velo e ridevano. In mezzo a loro, raggomitolata come un ammasso di cenci, stava il pacco: voglio dire la sposa.

Teneva la testa appoggiata ai ginocchi e si capiva finalmente che era una donna poiché da tutto quel rosso incrostato d'oro e d'argento uscivano due piedi minuscoli, con le unghie dipinte di rosso e la pianta dipinta di rosso. Tra i ginocchi, poi, penzolava una mano ed anche la mano era minuscola, con le unghie dipinte di rosso e la palma dipinta di rosso. Piangeva. E ad ogni singhiozzo le spalle si alzavano e si abbassavano come il singulto di un animale ferito. Era molto piccola, così raggomitolata per terra. Così piccola che veniva voglia di fare qualcosa per lei: come aiutarla a scappare.

«Vuole vederla?» chiese il mio pakistano.

«Sì, mi piacerebbe vederla» risposi. «Se non disturbo.»

«Che disturbo! È solo una donna.»

«Anch'io sono una donna.»

«Lei è un'altra cosa. Per esempio viaggia con un uomo che non è suo marito.»

«È mio collega» protestai. «Non posso sposarlo solo perché mi capita di lavorare con lui.»

«Questo è affar suo» disse il pakistano. E non era chiaro se scherzasse o parlasse sul serio. Poi ordinò alle donne di scoprire il volto alla sposa perché lo vedessi. Le donne alzarono il velo ma non vidi subito il volto perché lei lo nascondeva tra i ginocchi. Allora una donna infilò la mano tra la sua testa e i ginocchi, con forza, la agguantò per il mento, e sollevò quel volto finché non lo vidi.

* * *

Era un volto di bimba: olivastro, pesantemente truccato, e così acerbo che sembrava una bimba truccata da donna per giocare alle signore. Aveva quattordici anni, mi dissero, e le sue palpebre erano chiuse, spalmate di polvere argentea. Tra le ciglia lunghe scendeva quieta una lacrima.

«Le dica che non c'è ragione di piangere» disse il mio pakistano. «È stata al liceo e capisce l'inglese.»

Mi inginocchiai sulla stuoia e le dissi che non c'era ragione di piangere: avevo visto lo sposo, era bello, e aveva un'aria gentile. Lei mosse appena le labbra, cariche di rossetto scurissimo, e sembrò lì per dire qualcosa ma non la disse. Dopo un poco si girò verso una delle donne e bisbigliò in pakistano una frase.

«Cosa ha detto?» domandai.

«Ha chiesto se lo sposo ha davvero l'aria gentile» tradusse la donna.

«Ha un'aria molto gentile» insistetti. «Sono sicura che si innamorerà molto di lei e le vorrà molto bene.»

Di nuovo la sposa bisbigliò qualcosa all'orecchio della medesima donna.

«Cosa ha detto?» domandai.

«Ha chiesto cosa significa» disse la donna. E rideva, come se avessi fatto un discorso ridicolo. Guardai un po' smarrita il mio pakistano. Rise anche lui e sussurrò alla sposa: «Voleva dire che ti darà molti figli». Poi guardò l'orologio da polso e disse che era ora di metterla a letto.

La stanza da letto era l'unica stanza completamente arredata di tutta la casa. Poiché era un uomo moderno, lo sposo aveva comprato mobili in stile europeo, in mogano lucido, con gli specchi e le maniglie di ottone. Il letto aveva lenzuoli azzurri e la coperta di raso rosa, trapunta. Nel mezzo c'era una bambola americana, di quelle che si comprano da Macy's per quindici dollari. La sposa fu sollevata di peso e deposta vicino alla bambola, quasi ci dovesse giocare. Le fu tolto il pesantissimo velo e rimase in abito da cerimonia: pantaloni di raso rosso e tunica azzurra, con le maniche lunghe. Mi parve bella e quando, finalmente, sollevò le palpebre gonfie, anche i suoi occhi mi parvero belli: così carichi di rassegnazione e spavento. Aveva smesso di piangere, e sorrideva un pochino. Ma poi la suocera comandò a tutti di andarsene, lei rimase sola, nel buio, ad attendere un uomo che non aveva mai visto, e i singhiozzi ripresero: soffocati, senza speranza, come i singhiozzi di qualcuno che è stato punito e non capisce perché. Accoccolate sopra una stuoia dove mangiavano con le mani il riso ed il curry, le donne sembravano non curarsene affatto.

«È molto infelice» azzardai. «Forse dovremmo dirle qualcosa.»

«Perché?» rispose la suocera. «Le ho già detto tutto. E poi le spose sono sempre infelici. Io piansi tre giorni e tre notti quando sposai mio marito. In Occidente non piangono forse?»

«Dipende» spiegai. «Capita a volte che piangano anche se sono contente e che ridano anche se sono scontente. In Occidente è diverso.»

«Perché è diverso?» domandarono in coro.

«Perché, bene o male, si scelgono il proprio marito. A voi non piacerebbe scegliere il proprio marito?»

Erano donne molto disinvolte, evolute. Tanto evolute che si erano lasciate fotografare prive di velo; ma alla domanda mi fissarono addirittura allibite come se la sorpresa avesse loro tagliato le corde vocali. Poi, in coro, risposero: «No!».

«Perché?» insistetti. Loro parvero cercar le parole.

«Anzitutto scegliere il proprio marito pone una donna in una situazione umiliante» esclamò la più giovane. «Per trovare marito una donna deve farsi più bella, rendersi più interessante, sedurlo a forza di occhiate e di chiacchiere. Ciò non è dignitoso, né onesto.» Tacque un poco mentre le altre annuivano. «Una mia amica di Londra mi ha spiegato un giorno come fanno le ragazze europee a cercare marito e, da quel che ho compreso, è una fatica terribile, spesso anche sciocca. Per farsi notare dagli uomini, dice, le ragazze fingono sempre di essere meglio di quello che sono e, quando gli uomini le hanno notate, continuano a fingere per farsi sposare. Infine, si sposano. Ma allora si stancano di recitare, la verità salta fuori e il matrimonio si rompe. Succede davvero così?»

«Press'a poco» risposi. «Anzi, spesso. Però non sempre riescono a farsi sposare.»

«Davvero?» dissero in coro. «E allora cosa succede?»

«Nulla» dissi. «Ricominciano daccapo con un altro.»

«Oh!» esclamarono, incredule.

«Io non saprei nemmeno cercarmi un marito» disse la più giovane. «Quando siamo giovani non abbiamo mica cervello. Ma i miei genitori ne hanno e cercheranno un marito adatto per me. Accadrà l'anno prossimo, quando avrò finito la scuola. In Occidente non esistono forse matrimoni arrangiati?»

«Qualche volta» ammisi. «C'è gente che mette perfino l'annuncio sopra il giornale e gente che si rivolge ad una agenzia.»

«Che cosa volgare» esclamò la ragazza.

«Qualche volta, però, fanno tutto da sé. E allora si usa dire che è un matrimonio d'amore» spiegai.

«E questo amore dura tutta la vita?» chiese la suocera.

«Qualche volta» dissi. «Però molto di rado. Spesso si stancano l'uno dell'altra ed arrivano a odiarsi.»

«Che cosa assurda» disse la suocera. «Che bisogno c'è di amarsi o di odiarsi tra moglie e marito?»

I singhiozzi della sposa s'erano fatti più flebili e ora, dalla porta socchiusa, si udiva un leggero lamento.

«Magari avrebbe preferito restare zitella» osservai.

«Come ha detto?» chiesero in coro.

«Zitella» ripetei in due o tre lingue. «Donna senza marito.»

«Cosa significa?» chiesero in coro.

Scesi al rinfresco degli uomini: il signor Zarabi Ahmed Hussan mi aveva fatto chiamare per dirmi che, come europea, vi ero ammessa. Il signor Zarabi Ahmed Hussan stava accanto allo sposo e lo sposo non mostrava nessuna impazienza di raggiungere la piccola moglie che piangeva nel buio. Anzi, versava il riso col curry nella mia ciotola e mi guardava in modo molto insistente quasi a spiegare che, se avessi voluto seguirlo nella stanza accanto o in giardino, non avrebbe avuto nulla in contrario. A un certo punto mi fece perfino l'occhietto e mi toccò una caviglia col piede. Mi rivolsi perciò al mio pakistano. Sembrava più innocuo.

«Ne ha fatte di chiacchiere» disse il mio pakistano.

«Già.»

«E ha tutta l'aria d'aver ricevuto una bella lezione.»

«Non lo so» risposi. «Non sono affatto sicura d'aver ricevuto una bella lezione. Piuttosto, mi dica: perché ha detto alla sposa che lui le avrebbe dato tanti bambini? Io avevo parlato di amore, non di bambini.»

«Perché se gli fa tanti bambini non verrà ripudiata» rispose.

«Perché dovrebbe ripudiarla, se non gli fa bambini? È così giovane e bella.»

«A che serve una donna giovane e bella se non partorisce?» rispose. «Uno sposa una donna perché partorisca. Una famiglia senza bambini non è una famiglia.»

«Mi piacerebbe» esclamai «vedere la faccia di uno che ha ripudiato la moglie, a parte lo scià dell'Iran.»

«Quante storie» rispose «con quel povero scià. Come se in Occidente non si ripudiasse la moglie.»

«Io ho ripudiato la moglie» disse un signore vestito di bianco. Aveva una faccia mite e una voce gentile.

«Ed ora è senza moglie?» gli chiesi.

«No, no» disse. «Ne ho tre. Due a Karachi e una a Lahore. Mi hanno partorito cinque figli finora.»

«Complimenti» dissi. «Nove persone fanno una bella famiglia.»

«Non nove, quattro» corresse il signore. «Io e i miei tre figli maschi. Le donne non contano.»

* * *

Questa fascia di terra dove non esistono zitelle, né matrimoni d'amore, e la matematica diventa opinione, comprende ben seicento milioni di persone la metà delle quali, a occhio e croce, son donne che vivono dietro la nebbia fitta di un velo e più che un velo è un lenzuolo il quale le copre dalla testa ai piedi come un sudario: per nasconderle agli sguardi di chiunque non sia il marito, un bimbo o uno schiavo senza vigore. Questo lenzuolo, che si chiami purdah o burkah o pushi o kulle o djellabah, ha due buchi all'altezza degli occhi oppure un fitto graticcio alto due centimetri e largo sei: attraverso quei buchi o quel graticcio esse guardano il cielo e la gente come attraverso le sbarre di una prigione. Questa prigione si estende dall'Oceano Atlantico all'Oceano Indiano percorrendo il Marocco, l'Algeria, la Nigeria, la Libia, l'Egitto, la Siria, il Libano, l'Iraq, l'Iran, la Giordania, l'Arabia Saudita, l'Afghanistan, il Pakistan, l'Indonesia: il regno sterminato dell'Islam. L'Islam è immenso e il Pakistan è una minuscola parte dell'Islam, certo tra le più progredite. Non si può quindi pretendere di capire la realtà delle donne mussulmane fermandosi solo a Karachi: in Arabia Saudita la realtà è più sconcertante. Lì esistono gli harem come quelli del re dello Yemen con le sue duecento concubine e le sue trentadue mogli. Lì le donne crepano come cani rognosi perché non è permesso farle visitare da un dottore. Lì le donne non sanno quello che accade al di là dei corridoi guardati da eunuchi: perché quando entrano è per non uscirne mai più. Esse sono creature tanto inutili che, quando nascono, non vengono nemmeno registrate all'anagrafe. Spesso non hanno un cognome, né una carta d'identità, giacché fotografarle è vietato, e nessuna di loro conosce il significato della strana parola che in Occidente chiamano amore. L'uomo è il loro signore e padrone e naturalmente ciò non è tutto. Io non sono stata in Arabia Saudita dove il visto è negato ai turisti, ai giornalisti, alle donne e chiunque venga sorpreso con una macchina fotografica in mano finisce con un coltello dentro la schiena. Però sono stata più d'una volta in Iran, in Iraq, in Marocco: e il quadro che si presentava ai miei occhi era sempre lo stesso. La prima impressione che una donna occidentale riceve giungendo in paesi rigorosamente mussulmani è, come in Pakistan, quella d'essere l'unica donna sopravvissuta a un diluvio universale dove siano affogate tutte le donne del mondo.

Non c'è una sola donna sull'autobus che ti porta, alle otto di sera, dall'aeroporto all'albergo. Non c'è una sola donna nell'atrio dell'albergo, né per le scale, né dentro l'ascensore, né lungo il corridoio fino alla stanza in cui dormi. Il servo addetto alla pulizia della tua camera è un uomo. Quello che ti stira i vestiti e ti aggancia i bottoni sulla schiena è un uomo. Quello che ti serve al ristorante è un uomo. La voce del centralinista che risponde al telefono è la voce di un uomo e insomma non incontri una donna ammenoché tu non esca per strada. Per strada esse camminano, dentro la prigione del purdah, come i fantasmi di un incubo. E l'incubo di quei pacchi di stoffa senza volto né corpo né voce ti insegue dovunque finché tu, donna europea, col tuo volto scoperto e le tue braccia scoperte e le tue gambe scoperte, ti senti spogliata da mille occhi ed esposta a mille pericoli.

Sono pericoli inesistenti: le più gravi punizioni vengono inflitte a chi osi sfiorare una donna, o seguirla, o farle un complimento galante. Nelle prigioni di Karachi, come in quasi tutte le prigioni dei paesi mussulmani, il boia si esercita ogni giorno a tirare un colpo di frusta sopra un tondino minuscolo che corrisponde a una certa vertebra umana: al recidivo del reato di aggressione o molestie a una donna, non si infligge la pena del carcere, si infligge quel colpo di frusta; un tiro secco sopra la vertebra e il recidivo diviene impotente. Né esiste pappagallismo nell'Islam: il rispetto formale verso la donna è assoluto. Eppure né in una moschea, né in un tranvai, né in un cinematografo, né ad un ricevimento le donne possono mischiarsi alla folla degli uomini. Ai ricevimenti, i mariti molto moderni portan le mogli ma, appena giunti al portone, loro vanno nella stanza degli uomini e le donne nella stanza delle donne. Una volta io volli salire in tranvai ma fui respinta con indignazione: ero entrata nel recinto degli uomini. Così dovetti scendere e risalire nel recinto delle donne che ha un'unica panca alle spalle del conduttore, divisa dalle panche degli uomini per mezzo di una grata fittissima, e dove le donne in purdah ti guardano, attraverso i bucolini del loro lenzuolo, con pupille cariche di rimprovero poiché il tuo volto è nudo e le tue gambe son nude e ciò offende gli uomini e Allah.

Soprattutto ti guardano con quel rimprovero se cammini sola per strada: per strada, le mussulmane camminano sole assai raramente. In genere camminano a gruppi, con i bambini, con il marito che sta avanti tre passi onde sia chiaro che lui è il padrone e lei deve seguirlo. A volte perfino le ragazze che studiano, più evolute, non si sottraggono a questa regola. Le vedi uscire dal liceo, impaludate come monache, e sono ragazze che sanno tutto su Einstein o Leonardo da Vinci ma, se ti avvicini o tenti di fotografarle, subito si stringono in gruppo, abbassando la testa come fanno le pecore quando hanno paura.

In un paese che si batte per convincer le donne a togliersi il velo spiegando che impedisce alla pelle di respirare, trasporta le malattie, indebolisce la vista, l'anacronismo è crudele. Per strada, capita ancora che tu possa vedere automobili con le tendine: sono le automobili delle mussulmane più ricche alle quali non basta nascondere il capo nel purdah. Nelle case, dove del resto è difficilissimo entrare, è assai raro che tu possa scorger donne: in casa non portano il velo e se per avventura o intenzione sbagli la porta entrando nel loro recinto, ti accoglie un concerto di strilla acutissime. Una mia amica di Karachi che da tre anni ha alle sue dipendenze il medesimo giardiniere, afferma di non aver mai visto sua moglie priva del velo. «Io credo» essa dice «che quella donna non sia mai stata accarezzata dal sole.»

C'è molto sole sui paesi dell'Islam: un sole bianco, violento, che acceca. Ma le donne mussulmane non lo vedono mai: i loro occhi sono abituati all'ombra come gli occhi delle talpe. Dal buio del ventre materno esse passano al buio della casa paterna, da questa al buio della casa coniugale, da questa al buio della tomba. E in quel buio nessuno si accorge di loro. Interrogare un mussulmano sulle sue donne è come interrogarlo su un vizio segreto e il giorno in cui dissi al direttore di un giornale pakistano: «Sono venuta a chiederle qualcosa sul problema delle donne mussulmane» lui si inalberò e rispose: «Quale problema? Non esiste problema delle donne mussulmane». Poi mi consegnò un pacco di dattiloscritti dove si parlava dei vestiti delle donne mussulmane, dei gioielli delle donne mussulmane, del maquillage delle donne mussulmane, e come esse usano l'olio di cocco per lucidare i capelli, come usano l'henna per tinger di rosso la palma delle mani e la pianta dei piedi, come usano l'antimonio mischiato ad acqua di rose per tinger le ciglia. «Qui,» disse «c'è tutto sulle donne mussulmane.» Allora gli chiesi quale fosse la percentuale dell'analfabetismo tra le donne dell'Islam ed egli rispose, adirato: «Perché le donne dovrebbero imparare a leggere e a scrivere? E a chi dovrebbero scrivere? L'unica persona cui potrebbero scrivere è il marito. Se il marito vive con loro, che bisogno c'è di spedirgli una lettera?».

Sono passati milletrecento anni da quando Maometto parlò nel caldo deserto d'Arabia e sebbene qualcosa di nuovo succeda tra le donne dell'Islam, la stragrande maggioranza dei suoi fedeli continuano a rispettarne le leggi come se il tempo si fosse fermato. Infatti è ben vero che in Tunisia il presidente Burghiba condanna al carcere chi ha più d'una moglie ed esorta le giovani a togliersi il velo ma, come scrive il settimanale «L'Action», i genitori se ne vergognano. È ben vero che alla American University di Beirut e al Beirut College for Women le ragazze portano i blue jeans, fanno lo sci d'acqua e ballano il rock and roll ma, come scrive «Time Magazine», non è difficile ascoltare tra due studenti il seguente colloquio: «Tu sposeresti una ragazza che è stata al cinematografo con un altro?». «No, credo proprio di no.» È ben vero che in Nigeria una stravagante che si chiama Zeinab Wali fa una trasmissione settimanale alla radio durante la quale incita le donne a uscir dalle case per conoscere gli alberi, le montagne e le farfalle. Ma quando la moglie di un ministro di Kaduna chiese al marito il permesso di uscire per conoscere gli alberi, le montagne e le farfalle, il marito tenne un consiglio di famiglia nel quale venne deciso che essa potesse uscire solo dopo le cinque di sera: quando c'è abbastanza luce per distinguere le creature e le cose, ma il peccaminoso brillare del sole volge al tramonto. È ben vero che in Egitto vi sono le soldatesse ausiliarie, ma Nasser non ha ancora avuto il coraggio di abolire la poligamia perché, lo sa bene, gli uomini gli si volterebbero contro. Se la poligamia sparirà non sarà certo per lui: sarà perché mantenere più d'una moglie è costoso.

Nemmeno donne di molto prestigio come la principessa Aisha in Marocco riescono a rompere quelle leggi immote da secoli. Una volta, a Tangeri, io vidi Aisha. Era spavaldamente vestita di una gonna e d'una camicetta, al volante di una auto scoperta, e le donne marocchine impazzivano di entusiasmo per lei: alcune gettavano il barracano, altre le si stringevano attorno rischiando di farsi travolgere, e un giornalista francese mi raccontò che questo era niente al confronto di ciò che era accaduto qualche anno avanti quando, nel patio della casbah di Tangeri, Aisha era salita su un palco e, vestita di un abito blu di Lanvin, aveva tenuto il seguente discorso: «Io so bene quali cattivi costumi e pregiudizi pesino sopra di noi; noi dobbiamo respingerli. La cultura moderna ci chiama ed è indispensabile per la vita della nazione che noi imitiamo le sorelle dell'Occidente, le quali contribuiscono al progresso dei loro paesi». Però, mi disse il giornalista francese, l'indomani Sidi Mohammed Tazi, mandub di Tangeri, aveva ordinato che le marocchine vestite con abiti europei fossero messe agli arresti: «Ciò che va bene per le principesse non va bene per le altre donne. Se le nostre donne si vestono con abiti occidentali, presto si metteranno a bere, poi a ballare, e poi la notte andranno a dormire sulla sabbia del mare con gli uomini». Quando apparvero le fotografie di Aisha in costume da bagno sulla spiaggia di Rabat, El Glaoui di Marrakesh le giudicò oltraggiose ed Aisha, coi suoi pantaloni da cavallerizza, le sue sottanine corte da tennis, i suoi dischi di Benny Goodman, contribuì non poco all'esilio del sultano in Corsica e in seguito al Madagascar. Quando Aisha tornò, osannata da migliaia di donne, le più forti delle quali s'erano rifiutate per due anni ai mariti «onde non partorire figli dell'umiliazione», dovette fare discorsi assai più prudenti. «L'emancipazione delle donne» disse indossando un pesante barracano «non deve essere brusca come una operazione chirurgica. Il velo, di per sé, ha poca importanza. L'importante è che una donna sia padrona di metterlo o no.»

Sono dunque le donne più infelici del mondo, queste donne col velo, e il paradosso è che spesso non sanno di esserlo perché non sanno ciò che esiste al di là del lenzuolo che le imprigiona. Soffrono e basta, come la Madre dell'Assente che conobbi una mattina a Karachi. E non osano nemmeno ribellarsi.

* * *

Ero andata, quella mattina, a parlare con la Begum Tazeen Faridi che a Karachi dirige la All Pakistan Women Association. Tazeen Faridi è una signora gaia e dorata come una mela renetta che ama definire sé stessa «una mussulmana che non porta il velo e possiede un cognome». Appartiene al ristretto gruppo di donne che in quel paese sono qualcuno, come la Begum Liaquat Alì Khan, ambasciatrice in Olanda, e la principessa Abida Sultan, ambasciatrice in Brasile. Ha un marito che la rispetta e la ammira, un ufficio prudentemente privo di insegne e cartelli dinanzi al quale i mussulmani informati passano con la medesima smorfia di orrore che riserberebbero, loro che aborrono gli alcolici, a un bicchiere di whisky. Lo scopo principale della sua vita è il progresso delle donne mussulmane: codice e Corano alla mano, essa combatte come una gatta arrabbiata contro la poligamia ed è tanto moderna che, tempo addietro, si provò perfino a mandare una Miss Pakistan al concorso di Miss Universo che si svolge a Long Beach. La storia di questa elezione merita d'esser narrata: le audaci fanciulle che accettarono di partecipare al concorso sfilarono prima in costume da bagno dinanzi a dodici signore mussulmane e poi in purdah dinanzi a dodici signori mussulmani. Cosa abbiano visto i dodici signori mussulmani resta un mistero: il purdah non consente neppure di indovinare se chi lo porta è grassa o magra. Però si fidarono di Tazeen Faridi, la quale giurò che la prescelta nascosta sotto il lenzuolo era bellissima e poteva andare a Long Beach. Non ci andò, intendiamoci. Il «Times» di Karachi rivelò che la Begum aveva taciuto un particolare importante, vale a dire che Miss Pakistan non sarebbe sfilata a Long Beach in purdah bensì in costume da bagno: per poco, la Begum non venne linciata.

Stavo quindi parlando con Tazeen Faridi, in questo piccolo ufficio pieno di inutili manifesti, quando la Madre dell'Assente arrivò. Arrivò guardandosi sospettosamente alle spalle, quasi temesse di esser seguita da un'orda di mullah decisi a raparla, e il suo burkah nero non aveva neppure i bucolini all'altezza degli occhi: come facesse a camminare senza inciampare, non so.

«Via quel cencio» disse Tazeen Faridi. E, poiché l'altra si ritraeva, esitante, con gesto deciso glielo strappò. Trattenni il respiro per il gran fetore che usciva di sotto, e guardai. Sotto c'era una donna sui quarant'anni, nera e sudata, coperta di gioielli e di lividi. Il livido più grosso era sull'occhio sinistro, un labbro era tumefatto. Con un fazzoletto di seta si accarezzava quel labbro e non osava parlare. Poi, non so come, parlò. Ed ecco, parola per parola, quello che disse. Non ho cambiato neppure una virgola di ciò che Tazeen Faridi mi dettava, lentamente, in inglese. E Tazeen è troppo onesta per avere inventato.

«Avevo quattordici anni e lui trentadue. Le zie e le cugine mi dissero che il suo naso era mangiato dal vaiolo, però mi prendeva per tremila rupie e, brutta com'ero, non potevo pretendere di più. Loro si scambiarono dolci e regali, firmarono il contratto e lui mi portò a casa. Mi dette un ragazzo di tredici anni per sorvegliarmi, però si chiudeva sempre nella stanza con il ragazzo e a me non prestava attenzione. Infine mi prese, ma quando venne il momento di partorire io stetti male. Le zie e le cugine cercarono una dottoressa, ma la dottoressa non c'era. C'era solo un dottore, ma lui non volle che mi spogliassi dinanzi al dottore e il figlio morì: io divenni la Madre dell'Assente e lui fu generoso perché non mi cacciò. Però si prese un'altra moglie, più giovane, e quando lei partorì io la dovetti aiutare. Lui mi manteneva nello stesso modo di lei e mi regalava gli stessi gioielli, proprio gli stessi, però mi picchiava. Venne la dottoressa e disse che avrei dovuto domandare il divorzio. Io dissi: "Va bene ma non ho soldi per fare il processo e poi una donna divorziata che fa?". Ora lui ha visto un'altra ragazza. Costa trentamila rupie perché è una bella ragazza e rivuole le mie tremila rupie, ma le zie e le cugine non ne hanno più. Lui dice anche che non ha soldi per mantenere tre mogli e poi sono vecchia. Così ha detto "Talàk, Talàk, Talàk" e mi ha ripudiato. La dottoressa mi ha detto di venire qui. Io sono venuta. Ma ora dove vado, che faccio?»

Allo stesso modo in cui i dottori non si commuovono per il mal di pancia del loro cliente, Tazeen Faridi non mostrò alcuna emozione al racconto e promise alla donna che avrebbe tentato di sistemarla in qualche istituto o in qualche famiglia dove avevano bisogno di servi. Certo la cosa migliore sarebbe stata una casa di vedove, ma non era una vedova e non ci doveva sperare. Poi le disse di andarsene, di tornare se aveva bisogno, e mi spiegò che le aveva detto d'andarsene perché nel mondo mussulmano una donna non può vivere sola, nemmeno se lavora. Se vive sola vuol dire che è una donna perduta. «Per questo non ci sono zitelle e il ripudio rappresenta la morte civile. Secondo il nuovo codice la donna può domandare il divorzio, ma questo significa affrontare il processo e col processo lo scandalo. L'uomo invece può dire "Talàk, Talàk, Talàk", senza il processo, e torna libero come un fringuello. Non è nemmeno obbligato a passar gli alimenti. Capisce?»

«No. Non capisco» risposi. «È mai possibile che questa gente non si voglia mai bene?»

«Qualche volta» disse Tazeen Faridi «ma si vergognano a dirlo, quasi fosse una colpa. Vede, noi non abbiamo storie d'amore.»

«Non ci credo» dissi. «Provi a ricordarsi una storia d'amore.»

«Raiza» disse Tazeen Faridi chiamando la sua segretaria. «Conosci una storia d'amore?»

«*Le Mille e una notte*» rispose Raiza ridendo.

«No. Mi racconti una vera storia d'amore» insistetti.

«Raiza» disse Tazeen Faridi. «La mia amica italiana vuole una vera storia d'amore.» E rideva.

«È una bella pretesa» disse Raiza. E rideva. «Mi faccia pensare.»

«Trovato!» disse Tazeen Faridi. «C'è la storia del sikh.»

«Non voglio la storia di un sikh. Voglio la storia di un mussulmano e di una mussulmana. Una vera storia d'amore» ripetei.

«Ma il sikh diventò mussulmano» disse Tazeen Faridi. «Almeno mi sembra.»

Non riusciva a ricordare bene la storia e così dovette telefonare a tre o quattro amiche che, divertendosi come se si fosse trattato di una barzelletta, la cucirono insieme e infine riuscirono a raccontarmela: sottolineando però che il protagonista era un uomo, Boota Singh, non una donna. E la storia sta, in breve, così. Boota Singh era un sikh di trentatré anni e viveva a Calcutta. Si innamorò di Mohinder, che era una mussulmana di undici anni, e la sposò pagandola millecinquecento rupie. Boota Singh e Mohinder vissero insieme sei anni ed ebbero anche due figlie, poi venne la legge pakistana nota come The Recovery of Abducted Women Act, e Mohinder dovette tornare nel Pakistan senza il suo Boota Singh. Boota Singh amava Mohinder: diventò mussulmano e dopo un anno raggiunse Mohinder a Lahore. Però, nel frattempo, Mohinder era stata sposata ad un altro per ben diecimila rupie e non volle vedere il suo Boota Singh. Allora Boota Singh andò alla stazione e si buttò sotto un treno.

Dissi a Tazeen che era una bellissima storia, ma Tazeen scosse la testa e rispose che era una storia ridicola. Raiza aggiunse: «Solo un sikh può essere così sciocco da buttarsi sotto il treno per una donna. Ci sono tante donne al mondo. Poteva pigliarsene un'altra». Allora provai a raccontare la storia a tutte le mussulmane che conoscevo a Karachi e tutte risposero che era una storia ridicola: non per nulla gli inglesi ci volevano fare un film dal titolo *Boota Singh, Love Story of the Century*. Poi non l'avevano fatto per via del caldo.

Già, mancava il respiro a Karachi: dove le donne ridono su una tragica storia d'amore. E tante altre cose cominciavano ad annoiarmi: gli avvoltoi, il signor Zarabi Ahmed Hussan. Gli avvoltoi diventavano sempre più petulanti: c'era stata un'epidemia e, dopo aver spolpato i cadaveri dei Parsi sulle Torri del Silenzio, venivano a commentare la cosa sugli alberi del Beach Luxury Hotel. Il signor Zarabi Ahmed

Hussan, che era stato così gentile al matrimonio della sposa senza nome, cercava un compenso alla sua gentilezza e quasi ogni notte bussava alla porta della mia camera. Non riuscendo a trovare un altro albergo o almeno un'altra camera, ero costretta a fare il cambio con quella di Duilio. Duilio apriva, faceva un urlaccio, il signor Zarabi Ahmed Hussan scappava. Ma poi si accorgeva del cambio e la notte dopo bussava alla camera giusta e bisognava cambiare di nuovo. Il direttore del Beach si rifiutava di intervenire: una mattina, dopo aver sudato di terrore e di rabbia, corsi alla banca per ritirare i soldi e preparai una partenza che assomigliava a una fuga.

L'impiegato era un mussulmano che non prendeva in considerazione le donne, di qualunque colore fossero. Prima di decidere se mi avrebbe consegnato l'assegno volle sapere tutto di me e mi fece aspettare tre ore e trentacinque minuti. Ma allo scadere della terza ora e del trentacinquesimo minuto, Duilio arrivò per vedere se mi avevano arrestato, l'impiegato saltò in piedi, disse: «Buongiorno, signore» e consegnò a lui l'assegno, senza degnarmi di uno sguardo. In albergo successe di peggio: ma almeno quello servì a restituirci un buonumore perduto. Il nostro bagaglio era composto da una borsa, quattro valige, le macchine, una pelliccia che mi sarebbe servita in Giappone dove avrei ritrovato l'inverno, e il libro giallo di Duilio. Considerando che Duilio portava sempre da sé le macchine e la sua preziosissima borsa refrigerante mentre io portavo sempre da me la mia macchina da scrivere, tre facchini erano più che sufficienti per trasportare il bagaglio dalle camere al taxi. Ne vennero dodici: tutti in fila come portatori di vivande a un safari.

Come fossero riusciti a dividersi le quattro valige facendo in modo che ciascuno fingesse di portare qualcosa ed essere così indispensabile, è un problema matematico che non mi riesce risolvere. So che ciascuno aveva l'aria di portare una valigia, l'undicesimo portava la pelliccia, e il dodicesimo portava, come se fosse un piatto di argento, il libro giallo. Caricarono le valige sul portabagagli del taxi in modo da impiegare mezz'ora, poi si schierarono nuovamente in fila per ricever la mancia. Non avevamo abbastanza spiccioli: il dodicesimo restò senza mancia. Allora, mentre dicevamo al tassista di dirigersi all'aeroporto, lui scaricò tutto quello che gli altri avevano issato in mezz'ora, disse: «*Look*», guardate che ho fatto, aggiunse una pernacchia, e se ne andò.

II

Stagnava nell'aria un odore di gelsomini e di escrementi bruciati, l'assurdo odore dell'India; da un tempio giungeva la nenia dei sacerdoti che ormai cantano le loro preghiere con la bocca appoggiata al microfono, mentre un altoparlante diffonde la voce per strada. Per strada le donne dal volto scoperto vestivano colori sgargianti e sembravan farfalle con un'ala sola. L'ala era il lembo svolazzante del sari che fasciava, come un bozzolo fascia la crisalide, i loro corpi massicci. Gli uomini erano sempre vestiti di bianco e i loro bellissimi occhi ti fissavano, neri, con simpatia e con dolcezza: l'incubo era finito, a New Delhi non mancava il respiro. Tutto appariva così confortante.

La sera, al night-club dell'Ashoha, le indiane ricche venivano a ballare con i mariti. Naturalmente vestivano il sari ma accanto ai mariti col turbante e la barba esibivano una disinvoltura dimenticata. Talvolta, scherzando, gli tiravan la barba, e dopo il ballo sedevano a chiacchierare dinanzi a una aranciata: a New Delhi c'è il proibizionismo e se vuoi bere alcolici devi chiuderti in camera insieme al geco che dal soffitto ti guarda con garbato rimprovero. In camera il geco sostituisce il DDT poiché piomba come una saetta sulle zanzare e le mosche, e la prima volta ti dà un po' fastidio, poi finisci con l'abituarti e se lo perdi di vista lo cerchi affannosamente dietro ogni mobile come se tu avessi perso un amico.

Insieme alla gente che non ti è più nemica, in India impari ad amare le bestie perché le bestie sono dovunque, come le donne, e la gente rispetta le bestie e le donne. In India, nemmeno gli avvoltoi riescono a darti fastidio. Un poco per volta ti abitui ai loro urlacci come ti abitui alla pigrizia che addormenta le cose, al perpetuo rimandare a domani ciò che può essere fatto anche oggi, al gocciolare lento del tempo che ti ignora se hai fretta e pretendi che gli altri abbiano fretta.

Da sette giorni aspettavo di incontrare la donna più importante dell'India e il bramino che mi aveva promesso l'incontro sosteneva, imperturbabile, che bisognava avere pazienza: c'erano autorevoli uomini politici che a volte, per dirle buongiorno, dovevano aspettare anche un mese. Ma un pomeriggio mi disse che lei mi avrebbe visto entro mezz'ora nella sua casa sulla collina. Così chiamammo Rabindah, il nostro autista sikh, e a dispetto di ogni lentezza corremmo da lei. Rabindah aveva un volto che sembrava scolpito nel legno, con una gran barba grigia come il suo turbante, e un taxi che assomigliava a un taxi quanto una bicicletta assomiglia a un aereo. Infatti mancava del cofano, di mezzo sedile, dei finestrini, e per partire bisognava tirare una corda. Però Rabindah era nostro amico dal giorno in cui ci aveva rubato a una fila di taxi veri e puliti, e soprattutto correva. Sgusciava come un'anguilla fra tranvai e biciclette, vacche sacre e bambini, e presto fummo sulla collina dove un picchetto armato sorvegliava la casa della donna più importante dell'India, che ora sedeva su una poltrona di raso e assomigliava a mia nonna: quando andava al mare e si vestiva di bianco coprendosi con un fazzoletto bianco la testa per ripararsi dal sole. Infatti portava un sari di candido lino, con il lembo tirato sui capelli ormai candidi, e parlando mi accarezzava una guancia come faceva mia nonna per convincermi che mi voleva un gran bene.

Tutto era garbatissimo in lei: le rughe fonde che le incidevano il volto bonario, le labbra sbiadite dal buio delle prigioni e la mancanza di globuli rossi, le mani col dorso gonfio di vene azzurrine, infine la casa dove viveva: coi fiori che coltiva di notte perché di giorno non ha mai tempo, gli uccellini che fanno il nido vicino al suo letto, i ritratti di Gandhi che per sedici anni servì come la segretaria più umile sebbene fosse la Rajkumari Amrit Kaur, unica figlia del Raja di Kapurthala, nel cui palazzo di marmo era nata e cresciuta tra l'ossequio di trecento servi devoti. Guardarla faceva piacere come dormire in un lenzuolo pulito e odoroso di spigo; sembrava quasi impossibile che essa fosse la medesima settantaduenne di cui mi avevano tanto parlato e detto cose esaltanti: che nel 1928 partecipò per l'India alla Conferenza della Tavola Rotonda, che nel 1935 fu giudicata dagli inglesi come un pericolo pubblico e messa in galera per cinque anni, che fino al 1947 fu ministro della Sanità e dei Trasporti, che attualmente era senatore a vita, presidente di almeno trenta associazioni nazionali ed internazionali, e quando entrava in Senato tutti si alzavano portandosi la mano sul cuore perché renderle omaggio era come rendere omaggio alla memoria di Gandhi, le cui ceneri furono raccolte da lei, dopo il rogo, e da lei sparse nel Gange, piangendo. Piangevano tutti quel giorno, ma la Rajkumari un poco di più perché al momento in cui la coltellata di un pazzo aveva trafitto il cuore dell'uomo che lei venerava come gli apostoli veneravano Cristo, essa non era vicina a difenderlo: era a fare un comizio in un'altra città. Non riusciva a darsene pace e anche per questo gli indiani la amavano: quando gli avevo spiegato da chi ci avrebbe condotto, Rabindah s'era messo a correre più forte che mai e aveva rischiato perfin di ammazzare una vacca sacra che ostruiva la via ignorando il semaforo verde. «Vaccaccia della malora, fatti in là che la Rajkumari ci aspetta.»

Glielo dissi e lei ridacchiò con dolcezza. «Vede, carina, io sono cristiana oltre che indiana. Di conseguenza considero tutte le vacche creature di Dio. Sono anche vegetariana. Di conseguenza non mi si può certo accusare di non amare le bestie. Ma il giorno in cui gli indiani avranno imparato a tirare pedate alle vacche che dormono in mezzo alla strada, potrò chiudere in pace i miei occhi. Il nostro guaio è d'avere troppi tabù e non solo sulla santità delle vacche. Proprio stamani, ad esempio, ero con un gruppo di ragazze che giocavano a tennis in sari. Lei lo sa, vero, che sono presidente della All India Tennis Association, perché a questo ci tengo: sono un tipo sportivo, io, cosa crede? Dunque parlo con quelle ragazze ed esse incominciano a domandarmi l'autografo. Ah, no, dico io. Niente autografo finché giocate a tennis in sari. A tennis si gioca in calzoncini. "Ma i nostri genitori non vogliono" si lamentano loro. Disubbidite ai genitori, rispondo. È mai possibile fare le rivoluzioni se non si disubbidisce?»

Aveva una voce polverosa e insieme decisa. Cosa mi avevano raccontato sulle indiane intese come simbolo di sottomissione e di ubbidienza, paragonabili alle donne di nessun altro paese nella gran forza d'accettare le cose giuste o ingiuste?, le chiesi. La Rajkumari mi dette un buffetto sul naso: «Eh, no, carina. Non si aspetti che io parli di quelle sciocchezze. L'India è cambiata e le indiane non sono più come credete in Europa. Non lo sono da almeno trent'anni, dalla rivoluzione di Gandhi. Lei lo sa, vero, quello che fecero nel 1930 le indiane di Gandhi? Perché, se lo ignora, non può scrivere su questo paese».

Lo sapevo, eccome: perché riguardava la Rajkumari assai da vicino. Me lo aveva raccontato un'indiana, Kamaladevi Chattopadhyay, ed era una storia straordinaria e terribile come tutte le storie di eroismo che riscattano il mondo. C'era la tassa sul sale, nel 1930, e una mattina Gandhi decise di incominciare la rivoluzione proclamando il satyagraha del sale. Satyagraha significa, ufficialmente, resistenza passiva, lotta senza spargimento di sangue. In pratica, significa ribellione fino alla morte. Gandhi non aveva invitato le donne a parteciparvi in modo evidente ma il 6 aprile, quando il satyagraha scoppiò, milioni di donne scesero per le strade dei villaggi dell'India e ciascuna reggeva in mano una brocca di bronzo o di argilla e gridava: «Abbiamo rotto la legge del sale e siamo libere. Chi vuole comprare il sale della libertà?». Entravano dappertutto, nei ristoranti e nei templi, a Bombay entrarono nell'Alta Corte di Giustizia dove si discuteva il processo contro un ribelle, e alzando le brocche verso i giudici inglesi gridarono quel poetico grido: «Chi vuole comprare il sale della libertà?».

Faceva un gran caldo, quel giorno: la stagione delle Grandi Piogge era incominciata. Gli indiani si fermavano a comprare il sale della libertà e chi dava un anna per un pizzico di sale, chi dava diecimila rupie, e ad ogni pizzico di sale venduto le donne si portavano le dita alle labbra, per ringraziare. Così, presto, la sete cominciò a tormentarle e i poliziotti se ne accorsero e per tormentarle ancora di più passavano tra loro con bottiglie di acqua gelata e rovesciavano l'acqua gelata per terra. La Rajkumari Amrit Kaur non riusciva più a muover le labbra per via della sete, nel suo palazzo di marmo a Kapurthala non le era certo mancata mai l'acqua: è costruito sopra una sorgente. E poi la Rajkumari non aveva la resistenza delle povere donne cresciute nei villaggi di sterco e di paglia, così fissava le bottiglie di acqua gelata e inghiottiva saliva sussurrando in un rantolo: «Chi vuole il sale della libertà?». Quando i poliziotti la arrestarono non se ne accorse neppure: era svenuta. I poliziotti arrestarono molte donne quel giorno: trentamila solo a Madras. Poi le rinchiusero in campi cintati perché le galere non erano più sufficienti, ma una mattina il sole si alzò su quei campi cintati e sull'India, e la tassa del sale era abolita.

«Sì, Rajkumari. Lo so quel che accadde» risposi. «So anche cosa diceva Gandhi, a quel tempo. Diceva: "La rivoluzione più grande è, in un paese, quella che cambia le donne e il loro sistema di vita. Non si può fare la rivoluzione senza le donne. Forse le donne sono fisicamente più deboli ma moralmente hanno una forza cento volte più grande. Se potessi fare l'esercito della libertà con le sole donne, sarei sicuro di vincere la guerra in un anno".»

«Allora ci fu il satyagraha del sari» disse la Rajkumari annuendo. «Scommetto che lei sa tante cose sul sari: che è una striscia di stoffa lunga cinque metri e alta novanta centimetri, che si drappeggia in quattordici pieghe senza usare nemmeno un bottone, ma scommetto che ignora come le indiane difesero il sari dall'invasione dei vestiti europei, e perché lo difesero.»

Scosse la testa come faceva mia nonna quando pensava agli stupidi. «Chi dice che le indiane portano il sari per nasconder le gambe che han brutte, dice una sciocca bugia. Vada nelle nostre piscine e dia uno sguardo alle indiane in costume da bagno: vedrà che hanno gambe bellissime. Ha mai visto le gambe di Dolly Nazir, la nostra campionessa di nuoto? Bene. Una volta mi invitarono a Hollywood e mi chiesero se volevo conoscere una certa signorina Jane Russell che, dissero, aveva le gambe più belle del mondo: "O.K." dissi. Ma quando ebbi visto le gambe della signorina Jane Russell, esclamai: "Mi dispiace, signori. Voi non avete visto le gambe di Dolly Nazir". No carina. Le indiane non fecero il satyagraha del sari per timore di mostrare le loro caviglie. Lo fecero perché le fabbriche di Manchester e del Lancashire distruggevano le fabbriche di cotone e di seta del nostro paese.

Così una mattina scesero per le strade come avevano fatto per il satyagraha del sale e bloccarono le entrate dei negozi che vendevano vestiti europei, e con quelle vocine gentili dicevano: "Per favore non usate i vestiti europei. Per favore, usate i nostri sari". Ci furono marce, come durante il satyagraha del sale, a Bombay tentarono di bloccarci gettandoci addosso pepe e mostarda. Ci furono arresti. Molte donne erano incinte, molti bambini nacquero in carcere, a molti esse dettero nomi incredibili come Signore della Battaglia, Vincere o Morire, Disubbidienza, Ribellione, Audacia. Lo avrebbe mai immaginato che un buon numero di giovani indiane si chiama Disubbidienza, Ribellione e Audacia?»

La Rajkumari si alzò, mi portò nel giardino, e scansando i sassolini come faceva mia nonna, salì su una terrazza dove rimase a guardare la città nel tramonto, e allora non assomigliava più a una nonna ma a una statua solenne cui si portan corone. «Eh, sì, carina. Le galere dell'India non sono mai state un modello di pulizia e di comodità. E poi, lì dentro, era proibito anche leggere e scrivere e fare qualsiasi lavoro. Eppure sono contenta di esserci stata. Vede, quando uno non legge, non scrive e sta fermo, è costretto a pensare. E quando uno pensa finisce per capire le cose.»

«E cosa ha capito, in prigione, Rajkumari?»

«Ho capito,» essa disse rizzando l'indice secco e brunito «ho capito che tutte le donne sono uguali nel mondo e che vogliono le medesime cose: una famiglia, una casa, i soldi per campare, la libertà. Ho capito che le indiane hanno subìto nella ricerca di quelle cose il più drammatico cambiamento che le donne di un paese abbiano mai subìto. Io non so se questo le renda più felici o infelici, ma di una cosa son certa: non sono più innocue farfalle. Sono farfalle di ferro.»

* * *

Così disse la signora più importante dell'India e, poiché voglio crederle, non faccio che ripetermi quanto siano cambiate le indiane e quanto essa abbia ragione. Però, quando giravo per città come New Delhi e Calcutta, mi succedeva spesso di dubitarne. Una rivoluzione, per pacifica o radicale che sia, non basta a cambiare il cuore alla gente o a cancellare ingiustizie di secoli. Per le strade di Calcutta dove la notte i poveri dormono distesi sopra l'asfalto, attaccati l'un l'altro come le pecore, esse muoiono ancora di fame e colera abbattendosi senza un gemito sui marciapiedi roventi di sole. Sulle rive del Gange esse abbandonano ancora i cadaveri dei loro bambini che la corrente trascinerà in fondo al mare, tra i pesci. Nei templi che i miliardari stravaganti si divertono a erigere a gloria del loro cognome, come ha fatto il signor Birla col Birla Temple a New Delhi, esse spendono ancora le ultime annas per offrire corolle di fiori ai duecentottanta milioni di dèi che terrorizzano l'India; e subito dopo corrono a tuffarsi vestite nel fiume di cui bevono a lunghe sorsate la putrida acqua, per lavare inesistenti peccati. Nel tempio della dea Kali dove sorge un albero secco, perpetuamente senza fiori né foglie, esse appendono ancora il piccolo sasso con cui chiedono la grazia di un figlio.

La popolazione dell'India è sui quattrocento milioni. Calcolando che le donne in questo paese sono meno numerose degli uomini del dieci per cento, esistono in India centosessanta milioni di donne. Volerle capire riferendoci solo alle farfalle di ferro sarebbe quindi come voler capire gli uomini indiani riferendoci solo ai fachiri. La stragrande maggioranza di loro non sono farfalle di ferro. Sono creature malinconiche e dolci, dallo sguardo tremante di chi teme un immeritato castigo, con neonati piccini come bambolotti da pochi centesimi: così scarni per la denutrizione e piccini che, invece di reggerli in braccio come gli altri neonati, si tengono in mano come una tazza. Sui treni, le madri di quei bambolotti un po' mostruosi viaggiano ancora negli scompartimenti riservati alle donne. Nei bar, ammesso che entrino, siedono ancora nel recinto riservato alle femmine. La loro dolcezza è infinita, in nessuna parte del mondo le donne hanno tanta dolcezza e grazia e umiltà: ma non riuscite mai a indovinare se tutto questo è spontaneo o è il prodotto della paura. Guardatele in treno o nei bar: dinanzi ad un uomo esse tengono sempre gli occhi abbassati e imparate prestissimo, in India, a capire che se una donna fissa un uomo con occidentale impudenza significa che non è una donna, ma un giovanotto travestito da donna. Di quei giovanotti truccati e ammantati in sari ve ne sono moltissimi nelle grandi città, la prostituzione è alimentata da loro. E se non fosse per gli occhi vi fareste imbrogliare: sicché servono anch'essi a convincermi che l'India della straordinaria signora che assomiglia a mia nonna non è l'India di tutte le indiane.

È l'India delle indiane che vengono a studiare in Europa, cui attribuiscono l'equivoco della civiltà. È l'India delle indiane che tirano pedate alle vacche e ballano il cha-cha-cha nel night-club dell'Ashoha Hotel. È l'India di Vijayalakshmi Pandit, la sorella di Nehru che fu ambasciatrice a Londra, a Mosca, a New York, a San Paulo. È l'India di Indira Gandhi, che fu deputata al Parlamento, segretaria del padre, ed ora ha accettato la presidenza del partito dicendo: «La vita pubblica è scomoda ma non antipatica per chi sia politicamente ambizioso». È l'India di Sarjini Naidu, governatore di Calcutta, che da anni siede in quel Fort St. George dove sedeva un inglese viceré delle Indie. Per la grande parata della Repubblica, è dinanzi a lei che sfilano i guerrieri del Bengala, nientaffatto umiliati di piegare i loro stendardi dinanzi a quella matrona in sari, dal placido petto lucente di medaglie.

Paradossalmente, l'India d'oggi è piena di donne importanti. Nemmeno gli Stati Uniti, nemmeno la Russia vantano un numero tanto eccessivo di governatrici, sindachesse, ambasciatrici, deputate. Vi sono più donne al Parlamento indiano di quante non ve ne siano nei Parlamenti di Svezia, Danimarca e Norvegia messe insieme; più dottoresse negli ospedali di Bombay e di Delhi di quante non ve ne siano negli ospedali di Pechino e Shanghai. E se vi meravigliate, rispondono: «Perché? Nella società indù la donna ebbe sempre una posizione di uguaglianza, ed anche nella religione. Basti pensare che buona parte delle nostre divinità sono femmine: Saraswati, dea della Sapienza e della Musica, Durga, dea della Pietà, Lakshmi, dea della Ricchezza, Kali, dea della Vendetta. Delle altre divinità, molte sono metà maschio e metà femmina. E sebbene negli ultimi secoli l'influenza dei mussulmani abbia diffuso il concetto che noi fossimo creature inferiori, il rispetto degli uomini non ci è mai mancato. Manu, il nostro più antico legislatore, diceva che laddove le donne sono onorate la terra è fertile e buona, laddove non sono onorate, la terra è arida e senza frutto».

Parlano con vocine garbate e a vederle sembrano innocue come le altre. Hanno un marito e dei figli, giacché è ben raro che un'indiana rinunci a sposarsi, a tavola rifiutano di mangiare ciò che il marito rifiuta. Si muovono con grazia pudica, portano fiori nei capelli, si scandalizzano se qualche screanzato elegge Miss India in costume da bagno. Del resto solo una volta fu eletta Miss India: nella persona di Indrani Rehman, danzatrice sacra. «E quello» mi disse Indrani con occhi colmi di lacrime «resta l'episodio più sgradevole della mia vita. Io me ne pento e spero un giorno di dimenticarlo.» Però, se affrontate gli argomenti che stanno loro a cuore, vi accorgete che sono davvero fatte di ferro. «Buona parte del nuovo codice indù» vi dicono «è dovuto alle donne.» Poi col dito teso vi elencano le leggi che, grazie a loro, modificano il volto dell'India: l'Hindu Marriage Act, del 1955, che proibisce la poligamia; il Widow Remarriage Act, del 1956, che permette alle vedove di risposarsi; il Child Marriage Restraint Act che proibisce ai genitori di arrangiar matrimoni dei figli quando i figli sono ancora bambini. Un tempo le bambine venivan sposate anche a cinque o sei anni, oggi nessuna può sposarsi prima dei quindici anni. «E, mi dica, quand'è che le donne hanno ottenuto il voto in Francia e in Italia? "Nel 1944 in Francia, nel 1945 in Italia" rispondete. Bene. Noi lo ottenemmo nel 1935.»

Naturalmente vi sono ancora bambine che partoriscono prima di sapere ciò che significa, e vedove che non si risposano, e mogli che accettano di vivere con le altre mogli del loro marito: il tempo scivola più lento che altrove sulla sonnolenza antica dell'India, e le nuove leggi col tempo. Ma le farfalle di ferro conoscono il valore della pazienza, e ottengono sempre quello che vogliono. Hanno perfino ottenuto il controllo sulle nascite in un paese dove la sterilità è peccato mortale. L'India è forse l'unica nazione del mondo dove il birth control sia esercitato da funzionarie del governo le quali insegnano a non fare bambini come da noi si insegna a dir le preghiere. Ne conobbi una in casa di Jamila Verghese.

* * *

Spesso, quando ripenso alle strane cose che mi accaddero in India, mi chiedo se fu più sconcertante l'incontro con la maharani di Jaipur, personaggio di una fiaba finita, o quella serata in casa di Jamila Verghese; e davvero non so trovare risposta. Le due cose accaddero a poche ore di distanza l'una dall'altra, tuttavia in mondi completamente diversi. E, per quanto ci provi, non riesco a trovare fra loro un filo sia pure sottile di connessione. L'India è come un caleidoscopio che cambia disegno lasciando intatti i colori ed è inutile cercar di capire perché. L'unico modo per penetrare il mistero è vedere, ascoltare e ripetere ciò che si è visto e udito. Comincerò quindi dalla serata in casa di Jamila Verghese, che avevo conosciuto a Firenze quando studiava all'università per stranieri, e ora ritrovato a New Delhi dove vive insieme al marito giornalista del «Times», due figli, e fa la pittrice, la scrittrice e la attrice. Ciò non significa che Jamila sia una farfalla di ferro. È una indiana antica, quale gli europei si immaginano debba essere una indiana quando sognano i tramonti rossi sul bianco mausoleo del Taj Mahal. È minuscola e secca, bellissima, con una lunga treccia nera che le arriva ai ginocchi, punteggiata di fiorellini arancione, e un sorriso che placherebbe anche un cieco arrabbiato. Però voleva che conoscessi le farfalle di ferro e allora le invitò compilando una lista dove erano rappresentate tutte le regioni dell'India, dal Kerala al Punjab, e professioni diverse. Scelse una giornalista, una capostazione, una editrice, una donna di casa, una studiosa di pettinature, una medichessa. E all'ora di cena arrivarono, in uno sfarfallio di giallo e di rosso, di verde e arancione, di nero e viola, alcune insieme ai mariti, altre sole: onde dimostrar che le indiane possono uscire la sera anche senza farsi scortare da un uomo.

Erano tutte belline e vivaci, cariche di gioielli e di fiori, col disco rosso segnato in mezzo alla fronte, i piedi nudi dentro sandali d'oro e d'argento. E tutte avevano qualcosa da dirmi mentre i mariti se ne stavano zitti e pazienti in un angolo, a sorridere con volto infelice: come accade in Europa quando le nostre farfalle di ferro decidono di non dargli importanza. Amita Malik, la giornalista, raccontò che il suo mestiere era ormai diffuso tra le donne delle grandi città e, se andavo alle quattro del mattino dinanzi all'uscita di un quotidiano, potevo vederne a decine che tornavano a casa, col capo avvolto nel lembo del sari, per proteggersi dal fresco dell'alba. Anjani Mehta, la capostazione, raccontò che nelle ferrovie lavorano numerosissime donne e solo da quando ci lavoran le donne vengono rispettati i cartelli che lei chiese al ministero di appendere in ogni scompartimento: «Per favore, non sputate addosso al vostro vicino». «Per favore, non vi togliete le scarpe se non vi siete lavati i piedi da un giorno.» «Per favore, non mangiate aglio se il finestrino è chiuso.» «Per favore, non fate pipì per terra.»

«E fa la capostazione vestita in sari?»

«Certamente. Però ci ho il cappello.»

Veena Shroff, la studiosa di pettinature, mi spiegò che il suo lavoro non aveva nulla a che fare con quello di parrucchiere: non esistono parrucchieri in India, come non esistono sarti da donna. Ogni indiana deve sapersi pettinare da sé, allo stesso modo in cui deve saper drappeggiare il suo sari. Lei tentava soltanto di far rivivere antiche pettinature. Poi, come sempre accade quando ci si incontra tra indiane ed europee, il discorso cadde sul sari: quest'abito splendido che da secoli è la loro uniforme e dinanzi al quale ogni modello di Chanel o Dior sembra ridicolo, goffo, e privo d'incanto. Leela Shukla, l'editrice, volle che Jamila mi prestasse un suo sari e che io le dessi il mio abito: tanto, avevamo la medesima taglia. Facemmo il cambio, ridendo, e ne risultò che il sari sta benissimo anche alle europee, mentre il vestito europeo sta malissimo anche alle indiane. Avvolta in quella tenera striscia di seta dorata ed azzurra, io non mi sentivo nemmeno un po' buffa mentre nel mio abito corto e stupidamente scollato perfino Jamila sembrava ridicola. La sua figura risultava tagliata in due pezzi, accorciata, la nudità delle sue gambe ci dava fastidio; sul bellissimo volto c'era una espressione tapina che distorceva i lineamenti.

Tutte avevano da dirmi qualcosa sul sari. Iris David, la donna di casa, che ne fa uno studio da anni, sosteneva che il sari non è monotono e privo di personalità, come dicono; le donne non sono tutte uguali in sari. Esistono almeno quattordici modi per portare il sari: col ciuffo di pieghe a destra e il ciuffo di pieghe a sinistra, l'ultimo lembo girato sulla spalla destra o sulla spalla sinistra, abbandonato come uno strascico dietro la schiena o acconciato alla maniera di un velo, col *choli* (camicetta) che lascia scoperto lo stomaco o col *choli* che arriva fino alla vita. Le donne del Kerala, ad esempio, passano l'ultimo lembo tra le gambe e lo trasformano in pantaloni. Le pescatrici di Bombay annodano il lembo dietro il collo in modo da scoprire la schiena. «Non è la donna che si adatta al sari, è il sari che si adatta alla donna» diceva Amita Malik. «Il sari è solo una striscia di stoffa priva di forma e tocca a colei che lo indossa dargli una forma.»

«Il sari non è sexy,» diceva Leela Shukla «ma esteticamente è il vestito più bello del mondo ed anche il più logico.»

«Logico, no. E neanche comodo» rispondevo per provocarle. «Io ho provato a indossare il chimono, ed è facile e comodo. Ho provato a indossare il sarong, ed è facile e comodo. Ma per indossare il sari avete dovuto aiutarmi, ed a camminare ci inciampo. Il sari è un vestito di gala, non è un vestito per lavorare.»

«Non ho mai saputo che per lavorare ci volesse una uniforme» diceva Anjani Mehta, infastidita.

«L'uniforme non c'entra» replicava conciliante Jamila. «E la mia amica ha ragione: il sari è tutt'altro che comodo. Io, per esempio, quando devo guidare la macchina o giocare a pallacanestro mi ci sento a disagio.»

E allora, perché lo portavano sempre?, chiedevo. Anche a me piaceva il sari più di qualsiasi altro vestito: ma andarci in bicicletta, come vedevo ogni giorno per le strade di Delhi, mi sembrava un po' strano. Tutte le donne del mondo adottavano i vestiti europei, perfino le giapponesi adottano i vestiti europei. Le indiane erano le sole donne del mondo che avessero affrontato anche il carcere pur di non indossare vestiti europei. Da allora, però, erano passati trent'anni. Possibile che tanta ostinazione avesse soltanto una origine estetica?

Fu a questo punto che una vocina pacata rispose: «No, non è per l'estetica e neppure per la comodità. Noi portiamo il sari perché prima di essere donne siamo indiane. Il sari è la nostra bandiera. E rinunciarvi sarebbe un tradimento come rinunciare alla nostra nazionalità».

Era il discorso più convincente di tutti. Osservai con attenzione quella che aveva parlato. E con stupore mi accorsi che era il dottor Jaishree Katju la quale, per tutta la sera, se n'era stata in un angolo, silenziosa e tranquilla, come se non avesse avuto proprio nulla da dire. Del resto, a vederla così silenziosa e tranquilla, così poco somigliante ad una farfalla di ferro, anch'io avevo creduto che non avesse nulla da dire. Le chiesi se fosse un'esperta in sari.

«No, no,» disse Jaishree Katju «io sono medico e basta. Lavoro per il governo.»

«E in che modo lavora per il governo?»

«Io» rispose «aiuto l'India a fare meno bambini.»

Cadde il silenzio: tutte apparivano molto orgogliose di mostrarmi un'indiana che facesse un mestiere così definitivo e con gli occhi sembravano incoraggiarla a parlare: cosa che fece con semplicità, dopo aver accomodato sopra le gambe il suo sari verde e viola.

«Il problema maggiore dell'India» disse «è la povertà. E la povertà esiste perché siamo troppi. Insieme ai cinesi, forse più dei cinesi, siamo il popolo più prolifico della terra; la più spettacolosa fabbrica di carne umana del mondo. I bambini nascono in India con la stessa abbondanza con cui nascono i pesci e le mosche. Ogni anno la popolazione cresce di circa cinque milioni. Ora, finché le alluvioni e le malattie decimavano i poveri, quest'aumento non era eccessivo. Tanti indiani nascevano e tanti morivano. Ma, da quando si è imparato a fronteggiar le alluvioni e a guarire le malattie con la penicillina, le nascite sono risultate superiori ai decessi. Ciò ha reso indispensabile il controllo sulle nascite.»

Il dottor Katju raccattò il dischetto rosso che le era scivolato nel grembo e lo riappiccicò sulla fronte, con gesto lento e prolisso, poi riprese il discorso.

«Tutto ebbe inizio nel 1952, quando le Nazioni Unite mandarono in India il signor Abraham Stone, specializzato nel Family Planning. Io ho preso la laurea in America e conoscevo il signor Stone. Il suo suggerimento mi parve interessante e chiesi al governo di potermene occupare. Impiantammo perciò alcuni centri di esperimento a New Delhi, a Bombay, in province come Vindhya Pradesh e Bangalore: ma non avemmo successo. Tenga presente che, come tutti gli asiatici, gli indiani non si sposano per amore, si sposano per procreare. Più figli mettono al mondo e più sono contenti: come un contadino è contento di un raccolto abbondante. Molti perciò si arrabbiarono e bastonarono i nostri inviati gridando che volevano impedire l'unico lusso che un indiano possa permettersi: procreare molti figlioli. Altri non ci capirono, voglio dire che non capirono il modo di usare gli antifecondativi: li mangiarono tutti.»

La studiosa di pettinature fece una risatina ma il dottor Katju non la raccolse. Non trovava nulla di divertente nel fatto che gli indiani ignoranti mangiassero gli antifecondativi. «Prego» disse seccamente. E continuò.

«Allora io decisi di rivolgermi solo alle donne parlandogli ad una ad una per spiegare come andava usata la roba e tenni comizi per spiegare la necessità del birth control. Il primo comizio fu a Ramanagram, un villaggio del Sud. Salii sopra un tavolo e spiegai alle donne che erano povere perché avevano troppi bambini, e non era un delitto mettere al mondo bambini per vederli morire di fame? Il settanta per cento delle donne di Ramanagram fu inaspettatamente d'accordo e si sottopose all'esperimento di un anno che riuscì molto bene. Allora ripetei l'esperimento a New Delhi ed anche a New Delhi riuscì. Ora, in ciascuno dei settecentocinquantatré villaggi dell'India, vi è una clinica. Altre quattrocentoquarantadue cliniche sono nelle varie città. Il governo segue piani quinquennali: il primo costò sei milioni e mezzo di rupie, il secondo quaranta milioni, il terzo costerà un miliardo di rupie. Le cliniche più costose sono quelle per la sterilizzazione.»

Temetti d'avere capito male. Aggiunse: «La sterilizzazione è gratuita. Nel 1959 abbiamo sterilizzato 19.766 donne. Consideriamo la cifra insufficiente. Nel 1961 speriamo di sterilizzarne almeno centomila».

Controllò che avessi scritto bene le cifre, riprese: «Per i poveri, anche la distribuzione degli antifecondativi è gratuita. Comunque sono a buon prezzo e la vendita cresce. Se dà uno sguardo alle vetrine delle farmacie vedrà i prodotti esposti in vetrina come le aspirine o gli sciroppi contro la tosse. Naturalmente gli uomini sono più conformisti, ma le donne si comportano bene. Abbiamo in cura, attualmente, tredici milioni di donne. Dovrebbe vederle come sono disciplinate e compunte quando fanno la fila per chiedere ciò che devono fare. No, nessuna se ne vergogna. Nessuna se ne scandalizza».

«E lei,» chiesi «come giudica una simile responsabilità?»

«La sera,» rispose «vado a dormire con la coscienza tranquilla.»

Le farfalle di ferro le dettero tutte ragione. Io tacevo, perplessa. Ed anche Jamila taceva, perplessa. Poi Jamila disse che una volta era stata in una clinica dove sterilizzano le donne e qualcuna uscendo piangeva perché a cosa serve essere un albero se un albero non può dare le foglie? «Non lo so» concluse Jamila. «Non lo so. Siamo tutte cambiate così in fretta. Siamo tutte un poco smarrite.»

* * *

Il mattino dopo ci aspettava la maharani di Jaipur. Prendemmo l'aereo alle sette: Jaipur dista da New Delhi un'ora e mezzo di cielo, e bisognava essere lì molto presto perché poteva darsi che fossimo ricevuti anche subito. L'aereo era piccolo, vecchio. Si saliva arrampicandosi come sugli aerei che trasportano i soldati durante la guerra. Con noi viaggiava soltanto una squadra di tennisti invitati per non so quale torneo dalla maharani. Uno era biondo, allegro, e veniva da Sydney. Gli altri erano neri, tristi, e indiani. E chi, a parte due giornalisti e una squadra di tennisti invitati, poteva avere l'idea di andarsene a Jaipur, quest'oasi perduta in un deserto di polvere e sabbia? Dicono che Jaipur sia la Firenze dell'India. Ma mentre l'aereo scendeva io vedevo soltanto quel deserto di sabbia dorata, con un mucchietto di case rosa nel mezzo e un palazzo bianco che era il palazzo del maraja.

Eravamo assonnati, ancora storditi dai discorsi fatti fino alle due in casa di Jamila Verghese. L'immagine delle indiane che piangono uscendo dalla clinica che le ha trasformate in alberi incapaci di dare le foglie mi tormentava alla maniera di un sogno un po' assurdo. Duilio diceva che come cosa era orribile e con quelle donne chiacchierone s'era annoiato, questo era un viaggio da cani e voleva tornarsene a Roma. Negli altri paesi, poteva almeno far la corte. Ma in India, avevo visto che strazio? Non si accorgevan nemmeno d'essere guardate con un poco di voglia. Poi scendemmo e l'autobus ci condusse direttamente all'albergo, lungo una stradina dove dovette scansare un elefante grinzoso, con gli orecchini, e una fila allucinante di ventiquattro cammelli. Nient'altro. Sembrava d'essere su uno sconosciuto pianeta, solo l'albergo compensava lo smarrimento. Dio, che albergo! In camera, mi affrettai a telefonare a Sua Altezza: con un telefono di purissimo avorio. Rispose subito il principe Pat, suo figliastro.

Sua Altezza aveva la febbre del fieno, rispose. Tuttavia si sarebbe alzata da letto e mi avrebbe ricevuto all'ora del tè. Andava bene l'ora del tè? Andava bene, ammisi piacevolmente sorpresa che una delle donne più in vista dell'India, nota anche in Europa per la sua bellezza, i suoi gioielli, il suo nome, si alzasse da letto per ricevere due sconosciuti e si preoccupasse perfino di chiedere l'approvazione dell'ora. E l'albergo era di mio gradimento?, chiese il principe Pat. Senza dubbio, risposi. Non poteva esistere al mondo un albergo più bello di questo.

«*Very well*» disse il principe Pat. «*Very well.*» E la camera? Ero soddisfatta della mia camera? Senza dubbio, risposi. Eccezionale anche questa. E sulle labbra mi nacque un involontario sorriso. Sulla mia scrivania, accanto al telefono in purissimo avorio, c'era un cartone con la fotografia di una reggia e la scritta: «Quando visitate Jaipur abitate al Rambagh Palace. Sua Altezza il Maraja di Jaipur ha trasformato il suo palazzo in albergo per la comodità dei signori turisti. Piscina, campo da tennis, campo da golf a disposizione dei signori turisti. Si organizzano partite di caccia dietro preavviso». Abitavo nel palazzo del maraja e il mio appartamento, sosteneva il portiere, era quello dove fino a tre anni addietro dormiva la maharani di Jaipur. Infatti costava ben duecento rupie.

Quello del maraja invece costava duecentocinquanta rupie e ci dormiva un americano ricco del Texas, coi calzoncini kaki e la camicia hawaiana. Più tardi l'americano me lo avrebbe fatto vedere mostrandomi tutto contento la stanza da bagno, con la vasca di marmo nero incassata tra pareti di specchi che la moltiplicavano perciò all'infinito e moltiplicavano all'infinito anche lui, quando sguazzava nell'acqua. «*Very nice, eh? Very nice.*» I rubinetti del lavabo dove spegneva il sigaro Avana erano d'oro zecchino. L'appartamento della seconda maharani costava invece centosettanta rupie e quello della prima maharani ne costava appena centocinquanta. Il prezzo diminuiva a seconda del prestigio di chi aveva dormito lì dentro. La prima maharani aveva sempre contato pochino, vecchia e brutta com'era. La seconda un poco di più. La terza contava moltissimo. Naturalmente sapevo, avrebbe detto la guida, che il maraja aveva avuto tre mogli: per un certo periodo, contemporaneamente. La prima, morta nel '41, era una principessa di Jodhpur, lo Stato confinante con Jaipur: un matrimonio di Stato. La seconda, morta nel '58, era una nipote della prima, che l'aveva consigliata al marito anche perché si annoiava: un matrimonio di convenienza. La terza, principessa Gayatri Devi di Cooch Behar, detta Aesha, era andata sposa nel maggio del 1940: un matrimonio d'amore. Incontrandola avrei capito come Sua Altezza il maraja si fosse innamorato di lei, durante un torneo di polo nel Cooch Behar. Una donna deliziosa, moderna: al contrario delle altre due mogli, mussulmane convinte, non aveva mai messo il velo. Anzi, aveva indotto le donne di Jaipur a levarlo. Avrei dovuto vederla quando abitava a palazzo e nelle stanze che ora si affittano per appena ottanta rupie, il prezzo di un qualsiasi albergo di lusso, dormivano gli ospiti giunti da ogni parte del mondo per le sue leggendarie cacce alla tigre.

La maharani aveva seicento servitori, a quel tempo, e dalle fontane del parco zampillava sempre acqua odorosa. Elefanti giovani, dalle zanne bianchissime, trasportavano gli ospiti su baldacchini coperti di fiori. Danzatrici sacre intrecciavano danze sui prati. Certo era stato un grosso dolore per la maharani dover rinunciare a quella reggia di favola. Il giorno in cui la lasciò per trasferirsi nella villa del governatore, i suoi immensi occhi neri trattenevano a stento le lacrime.

«*Very well*» disse il principe Pat. «*Very well*. Se qualcosa non va, mi telefoni. Sono io che dirigo l'albergo.»

Ringraziai osservando con improvviso disagio il bel letto francese, le tende di damasco prezioso, la lunga vetrata da cui si vedeva, candido nella luce di platino, quasi tutto il palazzo: con le sue guglie sottili, le cupole gonfie e concluse a forma di ago, le scalinate di marmo, le terrazze coi portici, i passaggi segreti, i cammini di ronda ormai vuoti. Uscii dalla stanza: malgrado il paradosso mi ci sentivo una intrusa. Mi incamminai lungo il portico dalle colonne ricamate come uno scialle di trina, il disagio sparì mentre tornava l'involontario sorriso: nel portico Pat aveva installato, per la comodità dei signori clienti, una cabina telefonica rossa: come quelle che si vedono a Londra, per strada, e hanno l'apparecchio a gettone. Vicino alla cabina, un indovino col turbante e il diploma rilasciato dall'ente turismo s'offriva di predirmi il futuro per cinque rupie. Dal negozio dei souvenir fabbricati in Germania un commesso insistente consigliava l'acquisto di un posacenere dove era scritto: «Oh, Jaipur, sogno d'Oriente!». E nei prati all'inglese dove, per ragioni di economia, le fontane non zampillano più un goccio d'acqua, i tennisti oziavano sotto ombrelloni a spicchi rossi e celesti: identici a quelli che si vedono sulle spiagge italiane. «Una barba!» disse quello di Sydney. «Non c'è nulla da fare in questo palazzo. Non c'è nemmeno un juke-box. Andiamo a passeggio?»

Ci avviammo verso l'uscita mentre i suoi colleghi indiani mi guardavano con disapprovazione. Che donna era questa che andava a spasso col primo venuto? Che robaccia, queste europee. Sulla porta, dove un tempo sostava impettita la guardia del corpo della maharani, dalle uniformi rosse e le spade ricurve, due turisti di Los Angeles discutevano l'affitto di un elefante annoiato, con le zanne ormai gialle e un tappeto scolorito che gli pizzicava il pancione. L'elefante costava, per il giro di un'ora, quaranta rupie. I due turisti, che erano marito e moglie, i tipi che viaggiano per inviar cartoline, protestavano che costava un po' troppo. Così si misero d'accordo per trenta rupie e ci si arrampicarono strillando di gioia.

«È vecchio,» disse il portiere «e ormai mezzo cieco: per gli zoo hanno voluto i migliori. Così Sua Altezza lo adopra per mandarci a spasso i turisti. Almeno si guadagna la vita: capirà, con quello che mangia.» Poi mi spiegò che Sua Altezza aveva settantacinque elefanti solo per la caccia alla tigre e centocinquanta cavalli per il gioco del polo. Ma nel 1949, quando la Repubblica abolì i regni dei maraja, Sua Altezza dovette ridurre i cavalli a quaranta e gli elefanti a quindici. Poi anche quindici risultarono eccessivamente costosi: ogni mese, un milione e settecentomila lire di cibo. «Ora ne ha tre. E non sono pochi se pensa che il maraja di Mysore ne aveva seicento: ora ne ha solo uno che muore di fame dentro una stalla.»

«Ma Sua Altezza è ancora ricco.»

«Oh, capirà. Con le tasse che paga. All'anno, oltre duecentodieci milioni di lire. Per questo ha dovuto lasciare il palazzo.»

«E ci torna, ogni tanto?»

«Oh, sì. A lui non importa. Ma la maharani non ci ha messo più piede. Passa con l'auto scoperta dinanzi ai cancelli, rallenta un poco come se pensasse di entrare, poi scappa via. Questo era il suo palazzo preferito. Sa, ne aveva sei di palazzi a Jaipur. A proposito: vuole l'elefante per andare a Jaipur? A lei faccio lo sconto.»

Ci andammo col taxi sebbene Duilio e il tennista di Sydney protestassero di voler l'elefante: a che serve venire in India se non si sale sull'elefante? Il taxi era guidato da un tale che prima faceva l'autista della maharani e infatti portava ancora la divisa con le spalline dorate. «Io, Sua Altezza non la capisco» diceva. «L'albergo rende molti quattrini: i pochi turisti che vengono a Jaipur scendono lì. Sua Altezza possiede ancora la più grossa collezione di perle e smeraldi del mondo. Però guida da sé. Forse se l'è presa a male per quel che è successo. Prima Jaipur era sua: sedicimila miglia quadrate di cui possedeva la terra, il raccolto e la gente anima e corpo. Mica che ne approfittasse, intendiamoci. Non mi risulta che abbia mai fatto ammazzare nessuno, nemmeno una serva ribelle. Anzi, qualcosa di buono l'ha fatto. Ha fondato una scuola per le ragazze, ha fondato un club per le donne che non portano il velo. Quanto al maraja, è un brav'uomo. Se si presentasse alle elezioni, io gli darei il voto. Ma la carriera politica non lo interessa. Spera di fare l'ambasciatore.»

Il taxi scivolava nel mare di sabbia e Jaipur era una macchia rosa dentro quel mare di sabbia. Non si vedevano taxi all'infuori del mio, solo cammelli o ricsciò tirati da uomini magrissimi e nudi perché Pat sostiene che le auto danno noia al turismo. Nella piazza centrale, donne velate di nero e riparate dal sole con ombrelli da pioggia infilavano corolle di fiori gialli e arancione. Sui marciapiedi dove i venditori di acqua offrono bicchieri di liquido scuro che dicono essere acqua, o sui tetti merlati, i tintori di sari stendevano le lunghe strisce di seta verde, rosa, cremisi: simili a gigantesche stelle filanti. Su un tetto c'era una vacca, arrivata chissà come lassù. E questo era l'ex regno di Aesha, la maharani di Jaipur, personaggio di un'India ormai finita e sepolta. Nel suo City Palace, trasformato in museo, si entrava pagando il biglietto. C'entrai.

Mi fecero vedere la collezione di armi del maraja, coi fucili incrostati di gemme, le sciabole flessibili come lamette da barba, i pugnali ricurvi che Aesha ha sistemato, sul muro, in modo da scrivere: «Benvenuti, visitatori». Mi fecero vedere i tappeti persiani che Aesha portò via dal Rambagh Palace perché i turisti non ci pulissero le scarpe. Mi fecero vedere la sua collezione di sari, alcuni dei quali hanno cinquecent'anni e risalgono al dominio dei Mogul; infine la sala del trono dove la mattina del 30 marzo 1949 lo Stato di Jaipur sparì dalla storia dell'India per entrare a far parte dell'unione del Rajastan che incorpora quattordici Stati feudali per un'area di 121.000 miglia quadrate. Quel giorno, mi dissero, Aesha non volle sedere per l'ultima volta sul doppio trono di velluto cremisi e oro zecchino, accanto al marito. Rimase nel suo appartamento del Rambagh Palace, distesa sul letto che io pago duecento rupie, e cedette il suo posto al primo ministro Sardar Patel: che aveva la tunica bianca, la barba un po' lunga, e i piedi scalzi nei sandali impolverati.

Gli uomini della nuova India indossavano tutti la semplice tunica bianca e avevano tutti la barba un po' lunga, i piedi scalzi nei sandali impolverati. Il maraja invece indossava l'alta uniforme Graustarkian, col turbante di broccato d'oro e i piedi racchiusi in preziose babbucce. Il suo nobile volto marrone, mi dissero, era accuratamente rasato e non batté ciglio quando Sardar Patel si alzò per fare un discorso, poi, puntando lo sguardo sereno sopra i guerrieri dai baffi ritorti e su di lui, declamò: «Il giorno della spada è finito. Il giorno della bomba atomica è incominciato. Il vento porta un'èra nuova sulla sabbia del Rajastan». Nel pomeriggio ci fu una partita di polo, l'ultima giocata coi centocinquanta cavalli del maraja, il maraja giocò e perse tre ad uno. Ma nemmeno allora Aesha intervenne. La sera ci fu una sfilata in onore di Lakshmi, dea della Ricchezza, e dinanzi al maraja sfilarono i suoi settantacinque elefanti, gran parte dei quali erano già stati venduti allo zoo, le danzatrici sacre ballarono nei sari d'argento per l'ultima volta: quasi tutte, in seguito, si sarebbero impiegate come hostess dell'Indian Airlines. Ma nemmeno allora Aesha intervenne a ricordare che, ormai, era soltanto la moglie del governatore. In segno di stima e di riconoscimento per il bene fatto a Jaipur, Nehru aveva infatti concesso al maraja la qualifica di rajapramuk, governatore del Rajastan, con un reddito annuo e l'usufrutto della villa già occupata dall'ambasciata britannica.

La villa, che rimase deserta fino al dicembre del 1957, è a dieci minuti dal Rambagh Palace. È una villa a due piani, ovviamente piacevole come la sede di una ex ambasciata, ed ha sette stanze da letto, una stanza da pranzo, due stanze di soggiorno, una quindicina di stanze per gli ospiti, un parco con la piscina dove la maharani fa il bagno. La maharani ci vive insieme al marito, il figlio Jagat che ha nove anni, e il figliastro Prithviraj, cioè Pat, che ne ha ventiquattro ed è figlio della seconda moglie. Il principe Jai, fratello di Pat, vive a Calcutta dove fa, democraticamente, il commerciante di tè. Il primogenito Bhawani, che ha trent'anni ed è figlio della prima moglie, abita a New Delhi dove fa, cavallerescamente, il capitano nella guardia del corpo del Pandit Nehru. Di servi, nella villa, ce n'è appena una trentina. Pat li ha requisiti in gran parte per mandare avanti il suo albergo.

Pat mi aspettava nel soggiorno a pianterreno che è un soggiorno decoroso, non grande, con un radiogrammofono, libri negli scaffali, ritratti con dedica nelle cornici d'argento: quello di Filippo di Edimburgo, della defunta Lady

Mountbatten, del Pandit Nehru, cui nessuno in casa porta rancore. Indossava un paio di pantaloni di tela, una camicia aperta sul collo, mocassini italiani. Era giovane, spensierato, simpatico, col sorriso bianco e la pelle bruna; il tipo che si incontra a Cannes o a Biarritz e chiede al barman: «Un Bloody Mary, carissimo». Mi disse che Sua Altezza si stava alzando dal letto e mi portò nel giardino dove c'erano due poltrone, una panca a dondolo, un signore inglese coi capelli rossi e una signora inglese coi capelli viola, ospiti di Sua Altezza. Sua Altezza arrivò quasi subito, in un turbinar di chiffon a fiori rosa: molto insolito per un sari. Aveva i capelli nerissimi sciolti lungo le spalle e non portava nemmeno un gioiello della sua collezione. Sul volto color caffellatte, dagli immensi occhi sporgenti come quelli delle statue a Benares, non c'era ombra di trucco. Non c'era nemmeno il disco rosso in mezzo alla fronte e non sembrava nemmeno un'indiana. Sembrava una miliardaria qualsiasi, abbronzata dalle crociere sul panfilo, avvolta in un assurdo sari per il capriccio degli inviati di «Vogue», e teneva una macchina fotografica in mano.

«*Pleeease!*» si lamentò con la bocca sul fazzoletto, per frenar lo starnuto. Poi, lunga, distratta, sottile, si accasciò sulla panca a dondolo e chiese a Duilio di esaminarle per favore la macchina: s'era rotta, non sapeva perché. Parlava il raffinatissimo inglese che studiò ad Oxford e nell'Università di Rabindranat Tagore, appena distorto dall'erre di un francese imparato in Svizzera. E intanto quegli occhi sporgenti mi scrutavano, attenti, quasi a capire che genere di curiosità mi avesse portato da lei, allo stesso tempo frenando la voglia di domandarmi qualcosa.

Non me la chiese subito. Mi parlò, come una dama della San Vincenzo de' Paoli, della scuola che porta il suo nome e alla quale tiene moltissimo, tant'è vero che quando qualcuno vuol farle un regalo lei chiede sempre un pezzo di terra per ampliarla. Mi parlò dei suoi viaggi: alla stagione delle Grandi Piogge viene sempre in Europa e fa prima una capatina a Parigi per ordinare a Dior i pantaloni da caccia, poi va in Inghilterra dove possiede una casa nel Sussex e un appartamento a Londra, in Cadogan Place. «Non saprei dire se vivo meglio in India o in Europa. Forse in Europa mi sento più libera. Sono un'altra donna, in Europa.» Il suo sguardo s'era spostato da me per posarsi sulla sagoma candida del palazzo di Rambagh e ne accarezzava le cupole gonfie, le guglie sottili, con tenerezza un po' cupa. Ma le sue labbra frenavano ancora la voglia di domandarmi qualcosa finché, d'un tratto, alzò il mento e la chiese.

«Lei abita a palazzo, vero?»

«Sì, Altezza.»

«Ed ha una buona camera, sì?»

Guardai Pat, per un consiglio. Cosa dovevo risponderle? Che dormivo in camera sua? Pat rispose allo sguardo con imbarazzo, poi si alzò dicendo che andava a caccia. C'era una pantera, nel bosco. I battitori avevano individuato il punto dove andava al tramonto, per bere, e lui non voleva perdere il colpo. Mi avrebbe rivisto più tardi, in albergo.

«Sì, Altezza» risposi. «Ho una buona camera, grazie.»

«Da che parte? Nell'ala destra o nell'ala sinistra?»

«Non saprei, Altezza. È un palazzo così grande.»

«Molto grande e molto bello. Le hanno dato la mia camera, forse?»

«No, Altezza. Non credo. È una camera piccola.»

«E nella camera di mio marito, chi c'è?»

«Nessuno, Altezza. Nessuno.»

«È una bellissima camera.»

«Bellissima, certo.»

«Allora l'ha vista.»

«Sì, ho visitato tutto il palazzo. Ma nella camera del maraja non c'era nessuno. Nemmeno nella camera di Sua Altezza mi pare ci sia nessuno.»

La maharani soffocò uno starnuto.

«Per Pat e mio marito è diverso. Loro vanno d'accordo coi tempi e sanno fare gli affari. Ma io ci ho lasciato il cuore nella mia casa. È così comoda, le pare?»

«È comoda anche questa» risposi.

Lei finse di non aver udito neppure.

«Ha visto com'è graziosa la polla d'acqua sorgente nel salottino da fumo?»

L'avevo vista, la polla, ma il salottino non era più un salottino da fumo. Pat l'aveva trasformato in un bar sempre pieno di americane grinzose che bevevano scotch on the rocks e miagolavano: «*Very nice, uh, very nice*».

«Abbiamo dovuto lasciare i mobili dentro il palazzo. Pat sosteneva che non si poteva fare l'albergo se non c'erano i mobili. Da che parte ha detto che è la sua camera?»

Chiesi aiuto, stavolta, ai duecentottanta milioni di dèi che proteggono l'India, e l'aiuto era un signore in tuta azzurra, simile a quella che porta Gassman per le prove in teatro, e che, saltellando sulle scarpette bianche di gomma, i gomiti stretti alla vita e i pugni chiusi, si dirigeva dalla veranda in giardino. Era un signore alto, un po' grasso, con un naso eccessivo, e saltellando fece il giro dell'intero giardino, poi lo rifece e si fermò, saltellando, dinanzi a me e alla maharani.

«*Hallo*. Come va, vecchi miei? Faccio esercizio per vedere se mi cala la pancia» ansimò con un sorriso bonario e, saltellando, mi porse la mano che strinsi anch'io saltellando un pochino, onde non fargli perdere il ritmo.

«Questo è Jai, mio marito» disse Sua Altezza in tono distratto.

«*Hallo*» disse Jai, saltellando. Poi scalciò un poco sull'erba, riprese la corsa, e sparì dietro le foglie dicendo a sé stesso: «Un, due. Un, due. Op-là!».

«Ecco» mormorò Sua Altezza scotendo la testa con infinita tristezza. «Lui è cambiato e io no. Lui vive nel suo tempo, va d'accordo con gli orologi del nostro secolo. Io vivo nel passato e non vado d'accordo con nessun orologio. Voglio dire che non sono né di qua né di là, non più antica e non ancora moderna, né occidentale né orientale. Capisce? Oh, nessuno capisce. Voglio dire che parlo inglese e penso in hindi. Guido l'auto e porto il sari. Ascolto la musica jazz e poi soffro all'idea che qualcuno dorma nella camera che fu la mia. Fermati, Javat!» Si alzò, gonfiando come una bandiera al vento il suo chiffon a fiori rosa, e mi portò in casa. Nel corridoio, lustro di cera, un bambino in triciclo faceva le corse.

«Javat!» esclamò indignata Sua Altezza. «La lezione, Javat!»

«*Come on*, *mammy*. Lasciami andare in triciclo.»

«Javat! Stasera, per punizione, coniugherai dieci verbi in latino.»

«Al diavolo, *mammy*. Lo sai bene che il latino mi scoccia.» Ma consegnò il triciclo ad un servo.

La maharani accarezzò una tigre del Bengala, impagliata. «La ammazzai io» disse. E sorrise. «Vede, siamo un paese pieno di contraddizioni. Abbiamo cinquanta milioni di scimmie che mangiano come ragazzi, mentre la gente muore di fame. Ma nessuno le ammazza, perché sono sacre. Abbiamo non so quanti milioni di vacche che intralciano il traffico: ma nessuno le mangia perché sono sacre. Però ammazziamo le tigri che non danno noia a nessuno. Le donne indiane sono piene di contraddizioni come il paese che le ha generate. Fanno le leggi per ottenere il divorzio, ad esempio, e poi osservano la festa di Sita. Lei sa, vero, cos'è la festa di Sita?»

No, non lo sapevo. Lei si appoggiò stancamente alla tigre. Le era aumentata la febbre e aveva bisogno di tornarsene a letto.

«È una festa,» disse «che cade in ottobre. All'alba le donne di un quartiere o un villaggio si riuniscono in cerchio e, digiunando, cantano la storia di Sita fino al levar della luna. Sita è la dea della fedeltà. Quando la luna appare nel cielo, il marito dice alla moglie: "Moglie, è sorta la luna". Allora la moglie getta una manciata di acqua alla luna e prega Sita che le faccia sposare lo stesso marito nelle sette vite a venire.»

«Anche se è un marito che odia?»

«Anche se è un marito che odia.»

«E lo chiedono tutte?»

«Lo chiedono tutte.»

«E nessuno ne ride?»

«No, nessuno ne ride.»

«E lei, Altezza, è mai in cerchio a cantare la storia di Sita?»

«Oh, no!» rise.

La lasciai al suo raffreddore del fieno per tornarmene perplessa al mio albergo ma c'era uno splendido, rosso tramonto su Jaipur: così mi avviai verso il centro di Jaipur, non so nemmeno perché. Forse perché sentivo che sarebbe successo qualcosa come a Karachi la sera in cui avevo visto la sposa-bambina. E infatti sulla piazza passava un funerale: di quelli che piacciono tanto ai turisti. Era un funerale di poveri, col defunto sulla barella di canne di bambù, e un tale suonava il tamburo, sette persone lo seguivano insieme alla vedova. La vedova era giovanissima e molto graziosa, vestita di un sari a fiori d'oro su fondo verde pisello, con braccialetti alle caviglie e anelli alle dita dei piedi, collane intorno all'esile collo. Mi colpì, ricordo, perché non c'era nulla di triste sulla sua faccia marrone e perché camminava svelta, sicura, come se fosse andata al mercato a fare provviste. Così seguii quel corteo fin quando giunse nello stretto cortile dove bruciano i morti.

Era un cortile quadrato, con un altarino addobbato di stelle filanti e una statua di cartone nel mezzo: la dea Shiva. Un albino coi capelli bianchi e gli occhi rossi accendeva candele alla statua. Al centro c'erano due mucchietti di brace: ciò che restava di due creature come le altre. Un uomo frugava dentro i mucchietti di brace con un filo di ferro, per spegnerli in fretta e separare le ceneri. Meccanicamente mi disse: «*Big man, three hours. Small man, two hours. Baby, one hour*». Spiegava che per un uomo grosso ci vogliono tre ore, a bruciare; per un uomo piccolo, due ore; per un bambino, un'ora.

La barella fu posata per terra, i parenti contrattarono il prezzo della legna di sandalo. La legna fu sistemata a mo' di catasta, poi il defunto fu tolto dal lenzuolo che lo avvolgeva e deposto sopra la legna. Era piccolo e nero e aveva la testa calva, gli occhi spalancati. Sopra di lui fu posata altra legna ma la testa calva ciondolava fuori. Allora un parente prese un bastone e con un colpo secco, veloce, gli ruppe il cranio: affinché non scoppiasse. Un altro appiccò il fuoco che subito divampò, crepitando ed illuminando il cortile, ormai buio, di un calore rossastro.

Guardai di nuovo la vedova. Stava immobile, le mani giunte sul seno, e come prima non c'era tristezza sulla sua faccia: quasi che lo spettacolo non la riguardasse per niente. Le fiamme divoravano il corpo sprigionando un fumo oleoso e lei stava lì, come se ciò non la riguardasse per niente. Poi, non so come avvenne. Io guardavo gli occhi del morto che guardavano me, e non so come avvenne. Vidi solo che la donna si buttò in avanti, verso le fiamme, ma subito una morsa di braccia la bloccò mentre si dibatteva in silenzio, furiosa. Tutto si svolse velocemente e nel più assoluto silenzio perché lei non parlò e i parenti non parlarono e mentre la portavano via ripetevo a me stessa che era impossibile, avevo avuto un'allucinazione, s'era nel 1961, perbacco: solo nei racconti di Salgari le donne si buttano sul rogo del proprio marito. Incredula, mi avvicinai ad un parente che stava tranquillo in un angolo, a masticare qualcosa. Gli chiesi cosa fosse successo, rispose che avevo visto benissimo.

«Doveva amarlo molto» esclamai.
«Perché?» disse lui.
«Per quello che ha fatto.»
«Perché?» disse lui. E continuò a masticare.

* * *

Più tardi, in albergo, raccontai la cosa a Pat. Pat aveva colpito la sua pantera, ed era contento. «Queste» disse «sono le cose che infastidiscono *mammy*, voglio dire Sua Altezza. Accadono spesso nella regione. Nel 1954, nello Stato di Jodpur, la vedova del brigadiere Jabur Singh, amico di papà, voglio dire di Sua Altezza, si buttò sopra il rogo e i parenti non mossero un dito.»

«Ma è proibito» esclamai. «Lo sanno tutti che dal 1927 è proibito.»

Pat alzò un sopracciglio. «Anche buttarsi sotto il carro di Vishnu, a Benares, è proibito. C'è tanto di cartello, a Benares: in hindi e in inglese: "È severamente proibito buttarsi sotto le ruote del carro". Però ci si buttano. Vede, quando una indiana si sposa è per sempre: di conseguenza, la cosa peggiore che possa capitare a un'indiana è di restar vedova. Glielo avranno spiegato, suppongo.»

Me lo avevano spiegato, eccome, ed avevo anche visto gli ospizi municipali che raccolgono le vedove tormentate dalle famiglie. Erano squallidi ospizi, simili a quelli che abbiamo in Europa pei vecchi quando non li vuol più nessuno. C'erano le camerate, come in tutti gli ospizi, e i laboratori, e le stanze di ricreazione. Ma le vedove non erano vecchie, a volte avevano solo quindici anni. La direttrice di un ospizio mi aveva narrato che quelle di quindici anni erano le più ostinate: c'era la libera uscita ogni sabato pomeriggio ed ogni domenica, lei le incoraggiava ad uscire ma loro rifiutavano, quasi fosse vergogna o peccato. Preferivano restare nelle camerate a cantare noiosissime nenie, come gli ergastolani che non sperano più.

«D'altra parte, cosa può fare una vedova?» disse Pat.

«Può risposarsi» risposi. «Esiste la legge.»

«Sì, sì» disse Pat. «La legge c'è ormai da quattr'anni. Si chiama Special Remarriage Act. Però non ho mai visto una vedova indiana che si risposasse. Prego, Madame.»

S'era alzato, cerimoniosamente, dinanzi ad una turista che voleva qualcosa. La turista era una vedova di Baltimora e viaggiava con l'eredità del marito morto di infarto cardiaco, in seguito a surmenage. Desiderava sapere se la maharani le avrebbe concesso un autografo. «Ho anche quello di Frank Sinatra, sapete.» Pat le promise l'autografo. Noi ci preparammo a partire.

* * *

Andammo a Calcutta: una folla bianca di corpi che al tramonto si addormentano in mezzo alle strade perché non hanno una casa, né una capanna, né un tetto qualsiasi. E qui vidi l'esasperazione dello spettacolo più ossessionante che accompagna chi viaggia per il mondo: la povertà. La sera, per attraversar certe strade, bisogna scavalcare quei corpi rannicchiati sopra l'asfalto e stretti l'uno all'altro come pecore dentro una stalla. All'alba, una carretta municipale passava a raccogliere i corpi di coloro che non si sarebbero svegliati mai più, e bruciarli in un unico rogo, poi sparpagliarne le ceneri a palate nel Gange. Il Gange era una mota lurida e gialla, il tifo e il colera mietevano migliaia di vittime al giorno. Le donne, chissà perché, ne morivano più facilmente.

Vicino al Gange c'era il tempio della dea Kali, dove un secolo fa si sacrificavano gli uomini nelle notti di luna. Così andammo al tempio che è un tempio modesto, puzzolente, con tanti altarini dove i poveri si rannicchiano, simili a feti nel grembo materno, per risparmiarsi dal sole. Il Gran Sacerdote ci accompagnò, dopo aver preteso la mancia, a vedere la dea Kali, che è rappresentata da una fiamma accesa in perpetuo. Era un Gran Sacerdote in canottiera, la canottiera era infilata nella sottana bianca che gli copriva le gambe. E invece della dea Kali adorava Krusciov, che due settimane avanti, nel corso del suo viaggio pubblicitario in Oriente, gli aveva stretto la mano. «Che uomo!» diceva. «Che stretta di mano!» Attraverso corridoi sporchi di sterco, di fiori marci e di fedeli che ci fissavano con inimicizia, egli ci condusse all'albero secco dove le donne sterili legano piccole pietre per domandare la grazia di un figlio, poi nel cortile dove un tempo si sgozzavano gli uomini ed ora si sgozzan capretti. Il cortile era livido, allagato di sangue lasciato a placare la dea. Per un attimo dimenticai la canottiera del Gran Sacerdote, la mancia, Krusciov. Ma dopo lo sguardo mi cadde su un banco dov'erano allineati cotolette e cosciotti, ciascuno col cartellino del prezzo, e il Gran Sacerdote mi disse: «Naturalmente il rito è formale. Dopo la cerimonia vendiamo il capretto. Vuol comprarne anche lei? Costa solo cinque rupie alla libbra, meno che dal macellaio».

La sera raccontai l'episodio ad alcuni inglesi che facevano un party. Non se ne meravigliarono punto perché ciò dimostrava, spiegarono, la grande lezione di civiltà che gli inglesi avevano dato agli indiani. «Se l'assassinio del capretto fosse fine a sé stesso, noi avremmo già agito attraverso la Società Protettrice degli Animali. Invece il capretto serve a nutrire la gente.» Al contrario, parvero molto colpiti dai discorsi del Gran Sacerdote su Nikita Krusciov: immediatamente si accese una gran discussione sul comunismo e sul pericolo che rappresenta in un popolo oppresso da secoli dalla pigrizia e dalla fame. Chi diceva, con un brivido, che il comunismo sarebbe venuto anche in India. Chi diceva di no perché l'India è un paese troppo religioso: come se anche la Russia non fosse stata un paese religioso. Poi parlammo della nostra prossima tappa a Sumatra. Perché Sumatra? chiedevano. A Sumatra cercavo le matriarche, spiegai. E non era più divertente scegliere Bali, dove le danzatrici portano il seno scoperto? insistevano. Non viaggiavo per divertirmi, spiegai. E poiché erano molto noiosi, aggiunsi che dovevamo scappare: il nostro aereo diretto a Jakarta, via Singapore, partiva di notte; altrimenti lo avremmo perduto. La notte era calda, fuggendo da loro ripensavo a Jamila, alle farfalle di ferro, alla donna che voleva bruciare sul rogo del proprio marito, alla maharani di Jaipur tormentata all'idea di sapermi nella sua camera da duecento rupie. E questa era l'India che ci sarebbe rimasta nella memoria e nel cuore: tanto diversa da quella che avevamo sognato, bambini, e tanto sciupata. Ma tutto il mondo è sciupato, ormai. Col progresso abbiamo distrutto l'unico strumento per combatter la noia: quel difetto squisito che si chiama fantasia.

III

Si va da Calcutta a Singapore in quattro ore scarse, da Singapore a Jakarta in un'ora e mezzo. E cosa vedi, volando, all'infuori di una carta geografica viva, che sta sotto di te, e del bicchiere di whisky che ti porge la hostess? Non abbiamo distrutto soltanto la fantasia. Abbiamo distrutto il piacere di andar piano ed attendere, il senso della scoperta che ti dava il viaggiare, perfino il pericolo che ti viene con la sorpresa. Le compagnie aeree ti proteggono, dal momento in cui sbarchi dal jet al momento in cui sali sul jet successivo come se tu fossi un bambino un po' scemo. Arrivando, sai quasi tutto, anche la delusione che accompagna l'arrivo. Se la curiosità per l'animo umano non ti sorregge e ti salva, vedi cose che già conoscevi attraverso il cinematografo: dolci paesaggi corrotti dalle case in cemento, verdi foreste semiabbattute per costruire autostrade, la civiltà intesa come réclame della coca-cola. I soli imprevisti nascono dalla burocrazia più imbecille che regalammo, insieme all'indipendenza, ai popoli oppressi dal colonialismo.

Jakarta era un villaggio con l'aeroporto. In mezzo all'aeroporto c'era, lucido come un mostruoso pesce d'argento, il reattore di Krusciov: in quei giorni ospite del presidente Sukarno. Certo, non diceva nulla di buono quel pesce d'argento. E infatti, all'ufficio di polizia, il giovanotto in uniforme volle sapere un mucchio di cose: se avevamo armi o coltelli, per quale ragione il visto c'era stato concesso; poi mi frugò nella borsa conquistando con un gridolino il pacco di traveller's cheques. La somma era forte, mi guardò come se l'avessi rubata a Sukarno, chiese aggressivo se avrei speso tutti quei soldi a Jakarta. Risposi di no, mi servivano per fare il giro del mondo. Chiese perché, allora, li portavo a Jakarta. Risposi che portavo quei soldi a Jakarta perché non potevo buttarli dal finestrino prima di arrivare a Jakarta e poi ripescarli nel mare: ad ogni modo, se ciò poteva affrettare le pratiche, avrei lasciato quei soldi in consegna al capo della polizia; per pagare l'albergo a Jakarta avrei ritirato altri soldi alla banca. Ciò lo sconvolse. Ah sì? Dunque avevo altri soldi a Jakarta? Ma no, avevo solo una piccola somma che il mio giornale depositava telegraficamente alla banca, in caso di bisogno: lo faceva in ogni città. Chiamò un altro poliziotto, poi un altro ancora, e tutti insieme confabularono guardandomi male e poi vollero sapere cosa avrei fatto a Jakarta. «Scriverò sulle vostre donne» spiegai. Ah sì? Brava, davvero! E cosa avrei scritto sulle loro donne? Risposi che non lo sapevo, se lo avessi saputo non sarei certo venuta a Jakarta a fare quella stupida discussione con lui. Comunque, avrei scritto ciò che avrei visto e udito.

Fummo tratti in salvo da un impiegato della Panamerican: americano di Boston. Dio benedica tutti gli americani di Boston e di New York e di San Francisco che capitano sulla strada di chi viaggia in Oriente. Quando tutto intorno a voi sembra crollare e l'esasperazione vi schiaccia, all'ambasciata del vostro paese vi dicono che l'ambasciatore non c'è perché è a pesca di trote, il primo segretario non c'è perché è ad un cocktail, l'addetto culturale non c'è perché ha accompagnato sua moglie a comprare un cappello, l'addetto commerciale non c'è perché ha la scarlattina, ecco che balza, dalle tenebre della vostra ira, un americano qualsiasi che, masticando chewing-gum, vi toglie dai guai.

Il mio si chiamava Jack ed era un biondo malinconico che riuscì anzitutto a farci raggiungere uno stanzone di panche che chiamava dogana dove un doganiere assai scrupoloso rovesciò su una panca il contenuto delle nostre valige e con cura infinita esaminò ogni capo di biancheria, ogni tubetto di dentifricio. Poi rovistò tra le pillole di sonnifero per vedere se vi fosse qualche veleno che avrei gettato nella tazza del tè di Krusciov o di Sukarno. Poi diresse la sua nefanda attenzione verso Duilio. A cosa servivano quelle macchine? A fare fotografie. Ah, ah! E cos'erano quei rotolini chiusi dentro la borsa refrigerata? Erano pellicole impressionate.

«Ah, ah! Aprire, vedere!»

«Perdio, no! No!» urlò Duilio, tutto verde per la paura di veder sprecato il lavoro di un mese. «Se li apro, prendono luce. Non sono sviluppati.»

«Vedere, vedere!»

Intervenne Jack, i rotolini furono salvi. Allora il doganiere ripiegò sulle macchine. Avremmo venduto quelle macchine a Jakarta? Ma no, quelle macchine erano necessarie per il nostro lavoro. Ed avevamo il permesso? Ma sì, avevamo il permesso. Allora doveva registrare ogni cosa. E va bene, che registrasse ogni cosa.

Le registrò a una a una. Nel regolamento era scritto che bisognava copiare i numeri e così li copiò: compresi i numeri del diaframma, del tempo, delle distanze. Il suo foglio sudicio assomigliava alla tesi di un matematico, ci vollero due ore e quarantacinque minuti per copiare ogni cosa. Poi fummo liberi in una piazza bruciata dalle bandiere rosse in onore di Krusciov. Jack spiegò che sarebbe stato impossibile trovare un albergo, i tre alberghi di Jakarta erano zeppi, bisognava arrangiarsi in casa sua. «Ma noi dobbiamo proseguire per Sumatra» dicemmo. «A Sumatra?» rispose Jack con una stranissima occhiata. Poi ci portò all'Indonesian Airlines dove esibimmo il nostro biglietto da cui risultava che il volo da Jakarta a Sumatra era già stato fissato con l'O.K. e l'impiegato ci guardò come se fossimo scemi.

«Impossibile. Tutti i voli per Sumatra sono stati sospesi, nessuno può recarsi a Sumatra.»

«Perché? C'è la guerra?»

«No, no. Non si può andare e basta.»

«Ma a Singapore ci hanno dato l'O.K.»

«Spiacente. L'aeroporto è chiuso.»

«Perché?»

«Così.»

«Andiamo a Bali» suggerì Duilio, tutto contento all'idea di sostituire le matriarche con le danzatrici che ballano a seno scoperto.

«Impossibile. Tutti i voli per Bali son prenotati fino al 1965» disse l'impiegato. «Bali è diventato un posto di villeggiatura, sapete.»

Jack era triste. Nemmeno lui poteva farci nulla, stavolta. Così sedemmo sconsolati in un bar pieno di mosche e nessuna soluzione sembrava accettabile. Andare a Sumatra via mare? Ci sarebbero voluti almeno otto giorni e poi, magari, non ci avrebbero fatto sbarcare. Cercare le matriarche a Giava? Non esistevano, a Giava. Del resto, con Krusciov tra i piedi, ci avrebbero bloccato a ogni passo: sospettando che fossimo spie.

«Cosa facciamo, Jack?» Jack scoteva la testa, avvilito.

«Non avete idea di cosa significhi viver quaggiù. Un disastro: e non solo per il caldo e le mosche. Quando venni ero tutto contento, pensavo a Bali, al Paradiso Terrestre, alle altre sciocchezze. Ora ci sto da tre anni e se la Panamerican non mi sostituisce, giuro che scappo.» Poi ebbe un lampo:

«Ehi, ma le matriarche le trovate in Malesia. Perché non scappate? Scappate, perbacco!». E l'idea gli faceva brillare gli occhi: quasi che, attraverso la nostra fuga, anche lui avesse potuto fuggire.

Mi dispiaceva partire così, dopo aver messo la punta del mignolo sull'arcipelago più celebrato del mondo e averne visto soltanto un brutto villaggio che si chiama Jakarta, con le bandiere sovietiche e un doganiere cretino. Ma era l'unica soluzione accettabile. Così corremmo all'aeroporto e mentre ci guardavano con raddoppiata diffidenza chiedemmo se c'era un aereo per Singapore. Sì, c'era. Stava per partire. Ma aveva libero un unico posto.

«Scappa, scappa!» diceva Jack.

«E io cosa faccio?» si lamentava Duilio.

Alzai vigliaccamente le spalle, superai la barriera dei poliziotti con la mia carta d'imbarco. Attraversai la pista senza nemmeno riguardare il mostruoso pesce d'argento che apparteneva a Krusciov, salii mentre stavano per levar la scaletta. Al limite della pista Jack sventolava il fazzoletto, festoso; Duilio teneva le mani in tasca, e mi fissava con odio. L'aereo si levò, prese quota sul mare color fiordaliso, rombò sulle isole verdi, sulle baie dove l'acqua assume un fosforescente biancore, e una lieve malinconia mi serrava la gola al pensiero che, quasi certamente, non avrei mai fatto il bagno in quell'acqua, non avrei mai camminato su quelle isole verdi. E tutto perché gli uomini sono stupidi, tanto più stupidi quando imparano le regole di ciò che chiamano il mondo civile: il mondo delle carte da bollo e dei provvedimenti senza senso.

Poi l'aereo atterrò a Singapore, questa splendida dolce città di tramonti infuocati e di palme, e la malinconia dileguò. Non c'erano ostacoli per cercare le matriarche in Malesia: bastava raggiungere Kuala Lumpur e poi inoltrarsi lungo la strada che porta alla giungla. Così aspettai che Duilio arrivasse e quando arrivò, bagnato di sudore e di rabbia, urlando che avrebbe spaccato le ossa al primo che gli parlava di Sumatra o di Bali, partimmo per Kuala Lumpur che è una città in mezzo alla giungla, insieme all'autista Ming Sen che ci faceva da interprete. Ed ebbe inizio la nostra avventura.

* * *

La foresta di caucciù ci inghiottì, silenziosa ed immota, appena usciti dalla città, e Ming Sen ci guardò nello specchietto dell'automobile con l'aria di voler capire quale follia ci avesse strappato da un paese dove fa fresco per venire al centro dell'equatore dove il caldo è come un cappello di ferro che pigia sul cervello e sugli occhi, fino a renderti cieco e malato. Il suo volto giallo e rotondo, dalle palpebre gonfie e appena dischiuse, tradiva una grande ironia. Eravamo venuti, gli avevo spiegato, per cercare le donne che non concedono agli uomini l'importanza di un chicco di riso, e Ming Sen che ha due mogli e due concubine ripeteva ogni poco, ridendo: «Come le chiami, Tuan?». Tuan, in malese, significa «signore» e Ming Sen chiama così uomini e donne, quando sono europei. Tanto, dice, tra loro non c'è poi gran differenza.

«Matriarche, Ming Sen» gli risposi per l'ennesima volta. «Non sono io che le chiamo così. Tutto il mondo le chiama così.»

«In Europa ci sono matriarche, Tuan?»

«Ci sono. Ma nessuno vi crede, Ming Sen.»

«Una volta un mio amico di Kuala Lumpur ne sposò una, Tuan. Lei lo aveva sedotto nel bosco, ma non era brutta e aveva cinque campi di riso. Così la sposò. Succede anche in Europa, Tuan?»

«Eccome, Ming Sen.»

«All'inizio lei fu una buona moglie, Tuan. Faceva i lavori pesanti ed aveva l'unico torto di requisire al mio amico la paga di raccoglitore di gomma. Succede anche in Europa, Tuan?»

«Eccome, Ming Sen.»

«Poi lei cambiò e chiese il divorzio tenendosi i soldi e la terra. Così lui dovette tornar dalla madre e ora tira il ricsciò. Succede anche in Europa, Tuan?»

«Eccome, Ming Sen.»

«Allora perché vieni a cercarle quaggiù, Tuan?»

«Perché queste sono matriarche sul serio, Ming Sen. Non sono ipocrite come quelle in Europa, Ming Sen. Matriarche rispettabili, insomma.»

L'auto correva lungo la strada asfaltata che gli americani costruirono per farci la guerra. Gli alberi di caucciù ci stringevano, nella loro ossessionante uniformità, come un sogno che comprende nient'altro che alberi: migliaia e migliaia di alberi argentei, tutti della medesima dimensione e della medesima altezza, tutti incisi da un taglio a spirale in fondo a cui, retta da un filo di ferro, stava la tazza dove cola la gomma. Si alzavano dritti come colonne di una cattedrale senza inizio né fine. E le loro foglie, sbocciando a sessanta metri di altezza, tessevano un verde soffitto attraverso il quale filtravano, come dalla cupola di una cattedrale, lame di sole.

In quelle lame di sole, i raccoglitori vuotavano svelti nei secchi le tazzine di gomma che era cremosa come latte appena munto. Erano uomini piccoli e muscolosi, col torso nudo e il resto del corpo inguainato, fino alle caviglie, dalla sottana che si chiama sarong. Vuotavano le tazzine con fretta incredibile, saltando di albero in albero come cavallette impazzite, e Ming Sen disse che la maggior parte di loro erano figli o mariti delle donne che io chiamavo matriarche: destinati perciò a far la fine del suo amico di Kuala Lumpur.

Ming Sen rideva come sanno ridere solo i malesi che dietro il ridere nascondono tutto: odio, indignazione, sorpresa. E non voleva credermi quando dicevo che le matriarche non sono necessariamente cattive, vivono solo in modo diverso dalle sue concubine: comandando i mariti come lui comanda le concubine, ecco tutto.

«Ma questo è assurdo, Tuan.»

«E tu non sei assurdo, Ming Sen?»

«Io sono un uomo, Tuan.»

Sarebbe stato difficile spiegare a Ming Sen, mussulmano, quel che sapevo sulle matriarche: ad esempio che la loro autorità nasce anzitutto da ragioni economiche. Infatti son loro che posseggono la terra, non gli uomini, e la tramandano di figlia in figlia come se i maschi non esistessero. Si sposano con un solo uomo e gli sono fedeli, però non prendono il suo cognome e non lo danno ai suoi figli. Né vivono insieme al marito: dopo il matrimonio, salvo accordi speciali tra suocera e nuora che appartengono sempre a due diverse tribù, gli uomini continuano a vivere insieme alla mamma e i figli non gli riconoscono autorità poiché l'unica autorità che conti è quella materna. Son poche, ormai, le matriarche. Ma, come gli zingari, ne esistono ancora in alcune parti del mondo: per esempio in Giappone e in Australia, sulla Costa d'Oro e sulla Costa d'Avorio, nel Nord Rhodesia, nell'Ashanti e nel Dahomey, sulla costa del Malabar, in certe zone dell'India meridionale come l'Assam e il Garo, nella Micronesia, nella Melanesia, e il loro sistema è forse il più antico del mondo. Giuristi come lo svizzero Jacob Bachofen ed etnologi come l'americano Lewis Morgan affermano infatti che lo *jus maternum* risale alla preistoria, quando uomini e donne vivevano in promiscuità e la sola parentela di cui si fosse sicuri era quella materna. Lo stesso Erodoto scrive che i Lici e altri popoli dell'Asia Minore vivevano secondo il sistema matriarcale e matrilineare perché, quando gli uomini partivano per la caccia o la guerra, le donne diventavano padrone dei campi: e dalla potenza economica alla potenza sociale, si sa, il passo è brevissimo. Questo era il caso delle matriarche che venivamo a cercare nel Negri Sembilan, Stato della Confederazione malese, e che sei secoli fa, attraversando su fragili barche lo stretto di Malacca, avevano abbandonato Sumatra per conquistare altra terra. La terra, qui, era la giungla. E loro l'avevano presa come se fosse stata la più facile delle vallate riuscendo perfino a disboscarla e ottenerne terrazze per i campi di riso, poderi dove crescono banane e noci di cocco.

Non c'è malese che in fondo al cuore non tema la giungla, questo inferno di foglie e di tronchi che si moltiplica e divora la terra con insaziabile fame: ma le matriarche non ne hanno paura e non la abbandonano mai. Non la abbandonarono nemmeno durante la guerra, quando tutti scappavano in luoghi un po' meno infidi. I giapponesi bruciavano le loro capanne, ed esse le ricostruivano. Distruggevano i loro campi di riso, ed esse ripiantavano il riso. Dopo la guerra, quando la giungla era in mano dei comunisti, viver là dentro era ancora più infido: la guerriglia non dava requie. Tuttavia, nemmeno allora si mossero e così accadde che un giorno i poliziotti impegnati nella caccia ai ribelli andarono dentro la giungla per arrestare gli uomini delle matriarche. Circondarono intere tribù, piombarono coi bazooka e i fucili sulle capanne, e trovarono solo le matriarche che ridevano ai bazooka e i fucili. Gli uomini non c'erano più. Allora i poliziotti arrestarono le matriarche coi loro bambini e le portarono al Quartier Generale. Al Quartier Generale i poliziotti le interrogarono. «Dov'è tuo marito?» E le matriarche, ridendo: «*Laki t'ada*. Niente marito». «È mai possibile che siate tutte vedove o senza marito?» urlavano i poliziotti col braccio teso verso i loro bambini di pochi mesi. «*Laki t'ada. Niente marito.*» «Vi fucileremo» urlavano i poliziotti offesi nel loro prestigio di poliziotti e di bianchi. E le matriarche, con una risata ancora più insolente: «*Laki t'ada. T'ada Laki*». I loro uomini erano fuggiti o stavano nascosti nei campi di riso, nell'acqua. Le matriarche invece preferivano farsi fucilare piuttosto che nascondersi o fuggire dalla terra che è simbolo del loro comando. Dopo la guerra, mi aveva detto il francese Pierre Martin che vive a Singapore e le studia da anni, sono sorti villaggi e città intorno alla giungla, coi negozi, i cinematografi e tutto. Ma loro escono solo una volta all'anno: per andar dal dentista.

«Perché proprio il dentista?»

«Lo saprà.»

«E sono felici?»

«Oh, sì. Io credo che siano le donne più felici del mondo.»

Naturalmente, disse ridendo Ming Sen, era molto difficile trovare le donne più felici del mondo. A Kuala Lumpur nessuno sapeva dove vivessero. Né lo sapevano a Kuala Pila, né a Rembau: le zone che Pierre Martin mi aveva consigliato di esplorare. Le donne più felici del mondo non avevano un indirizzo né una zona precisa. E quando Ming Sen interrogava la gente, la gente alzava le spalle oppure rispondeva levando il dito verso un punto assai vago: «Laggiù». Viaggiavamo tra gli alberi da almeno due ore, le donne più felici del mondo diventavano sempre più lontane e irreali, e ci eravamo quasi convinti che non esistessero quando, a Serembau, il signor Mohammed Reza ci disse che esistevano, eccome, bastava cercarle dentro le foglie. Così lasciammo Ming Sen e la sua automobile sulla strada asfaltata e ci inoltrammo, con le biciclette e Mohammed Reza, dentro la giungla.

Le biciclette saltavano lungo il viottolo sempre più stretto, la giungla diventava sempre più buia: coi suoi alberi immensi e contorti, le sue liane robuste come cavi d'acciaio, le sue foglie succulente ed enormi, il verde perpetuo e vischioso come la gomma. Mohammed Reza diceva che il viottolo era stato costruito dalla polizia al tempo della guerriglia coi comunisti: ma allora non era un viottolo, era una strada dove si entrava guidando una jeep. La giungla lo aveva mangiato, presto non sarebbe rimasto più niente. Un posto terribile, diceva Mohammed Reza: solo creature molto forti o molto felici potevano viverci. Lui non ci avrebbe vissuto di certo e, quasi quasi, si pentiva d'esser venuto: nella giungla non c'erano solo scimmie e fagiani, a volte c'erano anche le tigri. Poi, d'un tratto, la giungla si aprì su un giardino al di là di un ponte di legno. E, in mezzo al giardino, accarezzata dai petali bianchi di un albero del pane, apparve una casa delle matriarche.

Era una casa di legno nero, col tetto di foglie di palma e paglia di riso, rizzata su palafitte a tre metri da terra, con un'unica porta alla quale si accedeva per una scaletta. Era rizzata su palafitte, disse Mohammed Reza, per via delle fiere e gli allagamenti, ma quando venivano le fiere e gli allagamenti la precauzione non serviva gran che. Dalla finestra usciva un rumore di macchina, come di macchina da cucire, e la musica di un grammofono che cantava in inglese: «Oh, bambina! Quanto mi manchi, bambina!». Non molto lontano, sotto un tetto di stuoia, due donne in sarong battevano una pala di legno sopra un vassoio di riso che si polverizzava in farina. La scena non era molto diversa da quella che si vede nelle nostre campagne nelle ore in cui gli uomini vanno pei campi lasciando a casa le donne. Quando Mohammed Reza urlò qualcosa in malese, le due donne che polverizzavano il riso alzarono sospettose la testa, il grammofono smise di cantare «Oh, bambina! Quanto mi manchi, bambina!» ed anche lo strano rumore di macchina da cucire finì.

Poi le donne cominciarono a chiamarsi agitando le mani come fanno i contadini in Italia quando vedono uno straniero di cui non è saggio fidarsi, e dagli alberi sbucarono svelte altre donne. Una scivolò con l'agilità di una scimmia da un cocco, un'altra uscì dalla casa, furtiva, finché tutte furono in fila, a guardarci.

Ecco: avevamo durato tanta fatica per venirle a trovare ed ora erano lì: vestite di giallo, di rosso, di lilla, con un giacchettino che fasciava il torace quasi privo di seni e il sarong che fasciava le gambe fino alla caviglia. Erano piccole, snelle, con volti rotondi di un marrone dorato, gli occhi un po' a mandorla, il naso schiacciato: quella razza un po' indefinita dei malesi che sono mischiati agli emigrati di Giava, Sumatra, Cina, India e perfino Arabia. Stavano in fila secondo l'età: prima una vecchia così antica e rugosa che sembrava avere cent'anni, poi una vecchia un po' meno vecchia che poteva averne settanta, poi una donna sulla cinquantina, poi una ragazza sui trenta, poi le bambine. E tutte, ad eccezione della più vecchia e delle bambine, avevano almeno un dente coperto di lamina d'oro tagliata sul davanti come una finestrella a forma di cuore e da questa finestrella traspariva lo smalto, secondo la moda che piacque tanto alle asiatiche di trent'anni fa.

Sembravano timide, a parte la vecchia che ci guardava ghignando come se fossimo molto ridicoli. E non chiedevano nulla. Poi Mohammed Reza disse qualcosa e allora ci invitarono con cenni a salire sulla capanna che era ampia, pulita, coperta da stuoie di foglie di palma e sopra le stuoie c'era un grammofono a mano e una macchina da cucire a pedale. Il grammofono era di quelli a trombone, coi fiorellini. La macchina da cucire, invece, era moderna: col coperchio per chiuderla e tutto. Dunque venivano di lì, quegli strani rumori. Rimasi turbata a osservare: delusa, diciamo. Uno fa tanti chilometri per arrivare dentro la giungla e, quando ci arriva, nel 1961, cosa trova? Una macchina da cucire e un grammofono. Dissi a Mohammed Reza di chiedere a chi appartenesse.

«È la dote di mio marito» disse la donna più giovane che si chiamava Jamila. «La portò quando lo sposai.»

«Dov'è tuo marito?» chiese Mohammed Reza.

«Da sua madre» disse Jamila.

«Come da sua madre?»

«Ma sì. L'ho rimandato da lei. Non aveva voglia di lavorare e non gli andava neppure di raccoglier la gomma, che è un mestiere leggero. Non sapeva tagliare un albero, né spaccare la legna, né cuocere il riso. Così l'ho cacciato. È ora che anche gli uomini imparino a cavarsela un poco da sé. I tempi sono cambiati, non ti pare?»

«E i mariti delle altre dove sono?» Non si vedeva neppure la traccia di un uomo in quella capanna. L'unica prova che essi esistessero era data dai bambini.

«Con le loro mamme. O a lavorare in città.» Jamila sembrava molto sorpresa.

«E non vengono mai?»

«Certo che vengono: una volta al mese, o alla settimana. Cioè quando abbiamo voglia di stare con loro. Che bisogno c'è di averli tra i piedi?»

Era molto moderna, Jamila. Sapeva perfino leggere e scrivere e si rendeva conto benissimo che l'Italia fosse in Europa: insomma molto lontano. Sua madre le aveva insegnato a leggere e scrivere, una volta s'era spinta fino a Kuala Lumpur, per dare gli esami. E le era piaciuta Kuala Lumpur? «No davvero, io sto bene in campagna.» Così Mohammed Reza spiegò la ragione per cui eravamo venuti e le matriarche, dopo avere confabulato tra loro, si accucciarono sopra le stuoie: pronte a rispondere alle nostre domande, e molto gentili. Si rendevano conto benissimo di ciò che fosse un giornale: Jamila aveva visto molti giornali a Kuala Lumpur.

«Sono venuti altri giornalisti fin qua?» domandai.

«No. Cosa significa giornalisti?»

«Quelli che scrivono per i giornali.»

«Oh!»

Nel mezzo stava la donna più vecchia che, disse Jamila, aveva novantadue anni ed era la bisnonna. Intorno stavano le altre e, mentre attendevano di cominciare il discorso, intrecciavano foglie di palma che si allungavano in stuoie. La bisnonna si chiamava Norpah. La nonna si chiamava Hawa. La madre si chiamava Zinah. La parola fu concessa ad Hawa, capo della famiglia per delegazione di Norpah. Cominciammo il discorso: volevo sapere in che modo, da loro, comandano le donne.

«Perché?» disse Hawa smettendo subito di intrecciare la stuoia. «In Europa non comandano le donne?»

«No» dissi. «In Europa comandano gli uomini.»

«Non capisco» disse Hawa. Era una vecchia dimessa, dall'aria distratta.

«Voglio dire che è tutto diverso» spiegai. «Da noi il capo della famiglia è un uomo e l'uomo dà il cognome alla moglie ed ai figli.»

«Vuol dire che la sposa prende il nome dello sposo anziché lo sposo quello della sposa e una donna quando nasce piglia il nome del padre anziché quello della madre?» chiese Hawa.

«Certamente» risposi.

«Oh!» esclamò Hawa, allibita. «Però è il marito che obbedisce alla moglie, no?»

«No» risposi. «Generalmente, no. Questa, perlomeno, è la regola.»

Mohammed Reza traduceva e, a questo punto, una risata

violenta esplose nella capanna. Le matriarche ridevano, quasi avessi narrato la barzelletta migliore dell'anno, e chi si reggeva lo stomaco, chi batteva le mani sopra i ginocchi, ed anche la bisnonna rideva mostrando i mozziconi di denti ormai neri, finché alzò le braccia come a dire: "Silenzio! Qui qualcosa non va", e si chinò sopra di me.

«Da voi, chi chiede in matrimonio lo sposo?»

Chiesi a Mohammed Reza di dirle che, come regola, era lo sposo a chieder la sposa; quando accadeva il contrario la gente attribuiva la cosa alla corruzione dei tempi.

«Questo significa che una donna non può scegliersi un uomo?» chiese Hawa.

«Di regola, no.»

«E cosa accade se una donna seduce un uomo nel bosco?»

«Di regola, sono gli uomini a sedurre le donne nel bosco.»

Norpah guardò Hawa che guardò Zinah che guardò Jamila che guardò le altre e poi tutte insieme guardarono me, con aria interrogativa, come se fossi impazzita.

«Questo significa che la sposa deve andare a vivere nella casa dello sposo?» chiese Norpah.

«Certamente» affermai.

Di nuovo Norpah guardò Hawa che guardò Zinah che guardò Jamila e tutte insieme tornarono a guardarmi come se fossi impazzita.

«E se una donna non mantiene il marito, il marito può domandare il divorzio?» chiese Norpah.

«Veramente è il marito che deve mantenere la moglie» spiegai. «Ma non succede mica solo in Europa. Succede anche a Singapore e a Kuala Lumpur.»

«Lì è una eccezione» disse Norpah.

Mohammed Reza rispose qualcosa diventando rosso di

rabbia. Gli chiesi cosa aveva risposto e spiegò d'averle risposto che non era l'eccezione, era la regola.

«E voi donne accettate una simile regola?» chiese Norpah senza degnare d'uno sguardo Mohammed e obbligandolo con un cenno veloce del dito a tradurre. Poi, senza aspettare nemmeno la risposta che già indovinava scandalosa o incredibile, e ordinando a Mohammed di tradurre sillaba a sillaba, recitò: «Quando la terra non si chiamava terra ma ombelico del mondo, e il cielo non si chiamava cielo ma ombrello della terra, e la terra era piccola come un vassoio e il cielo era piccolo come l'ombra del sole, allora l'uomo era schiavo e la donna padrona. Poi la terra si chiamò terra, e il cielo si chiamò cielo, e la donna fece dell'uomo un suo pari. Ma la terra appartiene ancora alla donna: come i figli e la dote che l'uomo le porta». Aspettò che Mohammed avesse tradotto ogni cosa, ripetendo il suo salmo quando lui aveva l'aria di incespicare, e tutta offesa se ne andò via.

«Non le badi,» disse Hawa; «è vecchia, vede le cose all'antica. Posso offrirle qualcosa da bere?» E scendendo verso ciò che chiamava giardino scrollò un albero di noci di cocco, col suo carico di bombe ormai gialle. Due o tre noci piombarono giù, con un tonfo sordo. Hawa raccolse la più grossa e più gialla, la tagliò in cima con un colpo netto di scure, me la porse perché bevessi il liquido che sciaguattava, lattiginoso.

«Posso offrirne anche a lui?» chiese poi raccogliendo una noce più piccola e indicando Duilio.

«Certo, se vuole.»

«No, no. È lei che deve decidere. Lui è un uomo. E anche a lui?»

Alludeva a Mohammed.

«Anche a lui, si capisce.»

Mohammed traduceva, paziente, ma gli tremava un poco la bocca e non era più rosso, per la stizza. Era pallido.

Bevemmo in silenzio il latte di cocco che era fresco, un po' dolce, e toglieva la sete. Poi cogliemmo banane che erano piccole come datteri, durissime, e Hawa ci mostrò i campi di riso e gli altri campi dove coltivano patate e tapioca; mi fece anche vedere come faceva ad abbattere gli alberi sebbene avesse braccia così fragili e prive di muscoli. Li abbatteva a colpi di scure, poi con una liana girata a forma di lazo imprigionava il ramo più grosso e tirava, tirava, finché l'albero cadeva in uno spiumare di foglie.

Hawa aveva un'aria contenta ed anche Jamila aveva un'aria contenta, e solo quando parlavano del maledetto caucciù il loro volto diventava un po' triste. «Gli uomini bianchi non fanno che comprare la giungla per piantarci il caucciù, un giorno saremo costrette a cercarci altre terre. E se qualcuna non ha il coraggio di ricominciare daccapo, come faranno i nostri figli a sposarsi? Dovranno sposare donne prive di terra. Io vedo un futuro assai brutto per il mio povero Junos» disse Jamila.

Junos, mi spiegò, era l'unico maschio della famiglia. «Il Signore l'ha fatto nascere maschio, povero Junos. E il mondo è così duro per gli uomini. Così lo faccio studiare perché impari un mestiere che gli consenta di mettere insieme una dote e sposare una ragazza cui sia rimasto un poco di terra. Ho già speso tre denti» disse Hawa, felice.

«Cosa?» domandai.

«Tre denti.» E spalancò, ancora più felice, la bocca. A tre incisivi, l'oro era tolto ed ora i denti pendevano gialli, con l'impronta di un cuoricino bianco nel mezzo.

«I denti sono la mia banca» disse Hawa battendo l'indice sopra. «Le mie figlie hanno la terra, ma mio figlio ha i miei denti. Quando ho bisogno di soldi, vado a Kuala Lumpur e faccio togliere l'oro. Si sente male, ma cosa importa? Con questo dente ho comprato a Junos gli occhiali. Gli occhiali più grossi di Kuala Lumpur.»

* * *

«Ti sono piaciute le matriarche, Tuan?» chiese Ming Sen quando lo raggiungemmo, sulla strada asfaltata.
«Sì, Ming Sen. Mi sono molto piaciute.»
«Allora non sono cattive, Tuan?»
«No, non sono cattive, Ming Sen.»
L'auto correva verso Kuala Lumpur, allontanandosi sempre di più da quell'apocalittico verde che di secolo in secolo diventa più verde, senza morire d'inverno e senza risorgere in primavera. E mi sembrava di abbandonare per sempre un luogo felice. Poi fummo a Kuala Lumpur dove un funzionario molto antipatico si rammaricò che della Malesia avessimo visto solo le matriarche del Negri Sembilan. Ma fortunatamente, spiegò, erano ridotte a solo dieci tribù e tendevano a scomparire. Il funzionario molto antipatico era bianco, con il naso a becco, e veniva dalla Tasmania. Mi spiegò anche che il governo stava cercando di ricondurre le matriarche alla vita civile poiché era scandaloso che nella Malesia indipendente esistessero ancora donne tanto selvagge. «Si figuri che non esercitano neanche il diritto di voto. Dicono che è una sciocchezza e serve solo ad eleggere uomini prepotenti.»

Il funzionario stava in un ufficio con l'aria condizionata e per questo, forse, i suoi discorsi mettevano freddo. Così lo salutammo e attraverso la giungla di caucciù, poi la *causeway* che porta fino al mare, Ming Sen ci riportò a Singapore dove i ricchi cinesi con le concubine ballano in sfarzosi night-club e dove autocarri carichi di gomma chiusa in sacchi di juta scaricano sulle navi la merce che costerà ad Hawa tutti i denti che ha in bocca. Il viaggio durò quasi una notte, sotto una pioggia cieca come la nebbia. Ming Sen ci aveva procurato del riso, rinvoltato in foglie di banana. Io mangiavo quel riso, nel buio, e pensavo ad Hawa che per comprare gli occhiali a suo figlio, gli occhiali più grossi di Kuala Lumpur, andava dal dentista a farsi strappare l'oro dai denti. E sui denti restava l'impronta di un cuoricino, piccolo come un chicco di riso.

IV

La casa di Han Suyin è su una collina di Johore Bahru, Stato della Confederazione malese, a mezz'ora di taxi da Singapore. A Singapore tutti dicevano che chiunque avrebbe saputo indicarmela. Invece ora chiedevo: «Han Suyin?» e la gente mi guardava come se alludessi a un fantasma.
«Han Suyin chi?»
«La scrittrice.»
«Non c'è nessuna scrittrice a Johore Bahru.»
«Ma sapete, almeno, chi è Han Suyin?»
«No. Chi è?»
Allora citavo *A many splendored thing*, il libro di maggior successo che essa abbia scritto, e spiegavo che gli americani ci hanno fatto anche un film con Jennifer Jones e William Holden, poi una canzone che si chiama *Love is a many splendored thing*: ma la gente continuava a guardarmi come se alludessi a un fantasma, finché fu chiaro che nessuno a Johore Bahru conosce Han Suyin, né il suo libro, né il film che hanno ricavato dal libro, né la canzone che hanno ricavato dal film. Lì conoscono solo il dottor Elizabeth Comber, specialista in medicina tropicale e pediatria: che ogni giorno dalle 10 alle 12 e dalle 15 alle 17 riceve i pazienti nella sua casa sulla collina. Elizabeth è il suo vero nome: glielo scelse sua madre che era fiamminga. Comber è invece il cognome del suo secondo marito, un funzionario di polizia che Han

Suyin sposò dopo la morte di Mark Elliott, il giornalista del «Times» con cui visse la storia d'amore da cui ha ricavato il romanzo. Un romanzo dove non c'è nulla di inventato: né i nomi, né le circostanze, né i luoghi.

M'ha sempre colpito questa donna così coraggiosa da narrare senza scrupoli ipocriti o finzioni letterarie la sua storia d'amore. E desideravo da tempo conoscerla: più per curiosità personale, lo ammetto, che per farle una vera e propria intervista. Per esempio, era più brutta o più bella di Jennifer Jones, l'attrice che interpretò il suo personaggio? Era sincera o esibizionista? Era felice o infelice? Mi sembrava che dal suo aspetto fisico e dal comportamento che avrebbe tenuto dipendesse la veridicità di ciò che aveva narrato, la risposta a un interrogativo sulle donne che hanno successo per essere diventate qualcuno. Non sospettavo nemmeno l'utilità ancora più vasta di un simile incontro. Infatti, non avrei capito le donne cinesi (ora lo so) se non avessi conosciuto Han Suyin: questa cinese che in sé stessa riassume ed interpreta la Cina di ieri e la Cina di oggi, la Cina comunista e la Cina non comunista, l'Oriente retrogrado e l'Oriente che va emancipandosi. Dico cinese e dovrei dire eurasiana: sua madre era bionda, nata a Bruxelles. Ma di quel biondo non v'è traccia nel dottor Elizabeth Comber, voglio dire Han Suyin. Secoli di antenati coi capelli neri e gli occhi a mandorla se lo son divorato: e da cinese Han Suyin vive, pensa, ama, si veste, si ribella. In Cina è nata e in Cina ha vissuto gran parte della sua vita. In Cina sposò il suo primo marito, il generale Tang, che le dette una figlia: Mei Ling. In Cina si laureò in medicina e scrisse il suo primo libro, *Destinazione Chungking*. In Cina, infine, torna ogni anno per respirare aria di casa e amministrare certe sue proprietà. «Proprietà?» «Ma sì. Posseggo a Pechino alcune case e mi costano un mucchio di soldi. Così ogni volta vado dal funzionario e gli dico: "Per cortesia, onorevole funzionario, vuol confiscarle?". E lui: "Impossibile, onorevole cittadina. Le case appartengono a lei". Il fatto è che i cinesi, prima d'essere comunisti o qualsiasi altra cosa, saranno sempre cinesi.»

Il taxi si fermò dinanzi ad un bungalow bianco, dove una fila di donne e bambini aspettava il suo turno. Il bungalow era circondato da un orto e la stanza dell'ambulatorio guardava sull'orto dove c'era un albero di cardenie e un ombrello per riparar le cardenie dal sole. Vi immaginai Han Suyin e la immaginai, chissà perché, corta come molte cinesi, un po' grassa, con un volto largo, brutto, e gli occhiali. Nello stesso momento Han Suyin si affacciò ed era una donna giovane e bella, molto più bella di Jennifer Jones: con un volto magro, giulivo, un corpo sottile, e il più seducente paio di gambe che abbia mai visto sbucare da un *cheongsam*, quell'abito stretto che si apre senza pudore sopra le cosce.

«Entri pure. Le dispiace se finisco le visite? C'è un'epidemia, si disinfetti le mani.» Nell'ambulatorio, pieno di strumenti chirurgici e di cartelloni in cinese, c'era un tavolo con la macchina da scrivere e un pacco di fogli già scritti, in inglese. «Sì, scrivo sempre in inglese. Scrivo tra una visita e l'altra. Questo è il mio ultimo libro, *Winter Solstice*.» Poi, quando i pazienti se ne furono andati, crollò su una poltrona e cominciò a chiacchierare.

Chiacchierava senza prender respiro, mentre gli occhi le si accendevano come fiammiferi, le mani gesticolavano in una danza frenetica, i piedi scalciavano. «Sorpresa? Ah, ah! Credeva che tutti i cinesi fossero piccoli e calmi? Ah, ah! I cinesi di Canton sono bassi, neri e vocioni come napoletani. I cinesi di Shanghai sono alti, tranquilli, disciplinati come svizzeri. I cinesi di Pechino sono altissimi, imprevedibili, cerimoniosi come inglesi. La conosce la storiella dell'ascensore? Eccola qua. A Canton, quando c'è da pigliar l'ascensore, tutti fanno a cazzotti e l'ascensore parte pieno come una scatola di sardine. A Shanghai tutti si mettono in fila e l'ascensore parte col numero di persone prestabilito. A Pechino tutti conversano o si fanno complimenti, "Prima lei, no, prima lei", e l'ascensore parte vuoto. Io sono di Pechino. Il mio ascensore parte sempre vuoto.»

I suoi occhi divennero tristi, le mani smisero di gesticolare, i piedi furono fermi. Alludeva forse alla maledizione che distrugge i suoi affetti, al generale Tang morto in guerriglia, a Mark Elliott morto in Corea, a Leonard Comber da cui vive ormai separata? Non le serviva niente, dunque, essere Han Suyin: bella, celebre, ricca? «Così la mia nuova casa sarà senza ascensore» scherzò. E indicava un bungalow in costruzione, dall'altra parte dell'orto. «Quando Mark era vivo, volevamo stabilirci a Pechino: lui avrebbe fatto il corrispondente dalla Cina e io avrei lavorato in un ospedale. Ora che Mark non c'è più, preferisco stare in Malesia. E poi Singapore mi piace. Anche a Mark Singapore piaceva. Ha letto il mio libro?»

«Certamente» risposi. «E lei ha visto il film?»

«No» disse. «Non lo voglio vedere. Non mi riguarda, quel film. Quando comprarono il soggetto del libro, mi invitarono ad Hollywood per la sceneggiatura. Io non ci andai. Mi hanno invitato anche per la sceneggiatura di un altro libro, quello che ho scritto dopo il viaggio nel Nepal, *The Mountain is young*. Ma io non ci vado. Io non scrivo per Hollywood, non scrivo nemmeno per avere successo. Scrivo per me. Quando scrivo, mi sento meno infelice, come quando curo la gente. Ecco, mi dico, tu sei Han Suyin, nipote di quelle donne che si fasciavano i piedi e non sapevano leggere o scrivere, e pubblichi libri e curi la gente. Sei una brava donna cinese.» Si alzò di scatto, puntò l'indice verso di me.

«Lei scriverà sulle donne cinesi, vero?»

«Sì, scriverò sulle donne cinesi.»

«E non le hanno dato il permesso di andare nella Cina Rossa, vero?»

«No, non me lo hanno dato.»

«Però andrà ad Hong Kong.»

«Sì, andrò ad Hong Kong.»

«Oh, la prego, allora! Non scriva con idee preconcette. Non ascolti i discorsi che i nazionalisti le faranno ad Hong Kong. Loro non hanno idea di ciò che sta accadendo oltre il confine. Io lo so, invece, e le dico che la metamorfosi delle donne cinesi è il miracolo più esaltante dell'Asia. È un miracolo, dico, e il comunismo non c'entra. O, se c'entra, va accettato lo stesso.»

Cominciò a camminare su e giù, quasi a cercar le parole. Poi puntò nuovamente l'indice verso di me. «Pensi che nel 1941, a Shanghai, quando ero già medico, mi capitò di veder lapidare dai parenti una sposa accusata di non essere vergine. Era vergine: io lo so perché la visitai. Ma non valse nulla che lo affermassi: la ammazzarono come un cane rognoso, a colpi di pietra, e non furono nemmeno denunciati per questo. Pensi che nel 1945 c'erano ottocento postriboli solo a Shanghai, con quarantaseimila prostitute tra i dodici e i quarant'anni, vendute dai genitori per un sacco di riso, e ogni anno ne moriva almeno un migliaio per le percosse. E nessuno veniva denunciato per questo. Pensi che nel 1947, quando persi il mio primo marito, i miei genitori volevano che mi lasciassi morire di fame: secondo il costume. "Ti faremo un bell'arco" dicevano. "E sopra ci scriveremo: 'Alla sposa fedele'." E si arrabbiavano quando io rispondevo che non me ne importava nulla dell'arco, avevo una figlia e avrei vissuto per lei. Ora queste cose non accadono più e una legge ha abolito i postriboli, le ragazze che v'erano chiuse imparano a leggere e a scrivere, si creano una famiglia. Il cinese che sposa una ex prostituta è considerato più che un cittadino onorabile: lo chiamano Benemerito della Nazione. Un'altra legge ha proibito il concubinaggio stabilendo che il marito non ha alcuna superiorità sulla moglie, i loro diritti devono essere identici. Un'altra legge proibisce di sotterrar le bambine appena nate, come si faceva una volta, e le donne possono fare tutti i mestieri di un uomo. Oh, lo so bene che la gente non si aspetta questi discorsi da me e che quando li faccio mi tacciano di comunista. Non sono comunista, oltretutto sono cattolica e vado alla Messa. Ma faccio il medico e, come i medici, vedo solo la verità la quale assomiglia ai ferri chirurgici: fa male ma guarisce.»

Era piacevole sentirla parlare con tanto entusiasmo di cose su cui si sa così poco e che, per colpa dei sacerdoti delle carte da bollo, non avrei potuto vedere con i miei occhi. Così tornai più d'una volta, in quei giorni, alla casa sulla collina e ogni volta Han Suyin mi dette notizie che sarebbero servite a questo capitolo. Andavo a mezzogiorno, quando lei sospendeva le visite in ambulatorio, e ci restavo fino alla sera: con gran gioia di Duilio che, in silenzio, ne era un po' infatuato. La vecchia *ama* ci cuoceva la minestra di pinne di pesce o i germi di soia che poi serviva in tazze di porcellana, con le bacchette d'avorio. Noi mangiavamo nell'orto, vicino all'albero delle cardenie, poi ci mettevamo a discorrere. O meglio: Han Suyin discorreva e io ascoltavo. Duilio, esaurite le fotografie, si limitava a guardarla. Ed anche se in seguito non avrei condiviso tutti i suoi generosi entusiasmi, poiché, prima d'essere comunista o anticomunista o cattolica, Han Suyin è come i cinesi cinese, quei pomeriggi mi servirono a giudicare le cose che avrei visto o capito ad Hong Kong senza la gelida prevenzione di chi osserva l'umanità come un gioco politico. Partendo, lasciai più che una gran donna: lasciai un'amica.

«Ti do un consiglio» disse Han Suyin. «Non ti fermare ad Hong Kong. Vai verso il confine.»

«Va bene. Andrò verso il confine.»

«E quando verrà il momento di scrivere, ricordati di questo qui.» Batteva le dita sul mio blocco di appunti.

«Va bene. Lo ricorderò.»

Assomigliava così poco a Jennifer Jones: anche ora che sventolava il fazzoletto dalla pista dell'aeroporto. L'aereo decollò, tre ore e mezzo dopo volava sopra il mare di Hong Kong dove le giunche con le vele di stuoia galleggiano accanto agli incrociatori britannici e alle navi svedesi da carico. Hong Kong era bella come un arazzo di seta. Insinuandosi fra le isole a punta, l'aereo atterrò sulla penisola di Kowloon. La vera Hong Kong è sull'isola Victoria che si raggiunge col ferry-boat. Ma noi preferimmo Kowloon per abitare nell'albergo dove Han Suyin aveva scritto il suo libro, dopo averci vissuto con Mark. Duilio, sempre più oppresso dalla segreta infatuazione per lei, ripeteva che gli sembrava di vederla sgusciare da ogni colonna. Per consolarlo dovetti accettare l'invito ad un tipico pranzo cinese che una ricca signora cinese offriva quella sera nella sua villa a Victoria Island, presente Miss Hong Kong.

Il tipico pranzo cinese prevede due portate per ogni invitato, più una. Eravamo dodici invitati, e così ci furono venticinque portate, nel corso delle quali ci venne fatta grazia soltanto del cervello di scimmia, piatto che richiede la cosa più introvabile a Hong Kong: una scimmia disposta a farsi spaccare il cervello quando ancora respira. Malgrado quel colpo di fortuna, tutto ciò che vi è di commestibile al mondo noi lo mangiammo, quella terribile sera, passando attraverso cinque tipi di pesce, quattro qualità di maiale, sei elaborazioni di pollo, un'anatra disossata e poi ricomposta e laccata di rosso come un soprammobile, alghe, funghi marini, spaghetti fritti, le famose uova marce che sono uova di almeno cento giorni, mantenute nella calcina finché diventano nere all'interno e verdi all'esterno, ed hanno un acre sapore di gorgonzola. Però puzzano molto di più.

Chi rifiutava un piatto commetteva gravissima scortesia e la padrona di casa era così generosa che, quando ci vedeva esitare, veniva verso di noi e ci imboccava. Tra portata e portata si beveva vino di riso in bicchieri d'argento, ma prima di bere bisognava aspettare che qualcuno si alzasse e facesse un discorso in onore di un commensale. Il discorso era lungo, gli antenati del commensale venivano passati in rassegna fino al bisnonno del nonno, e di ciascuno si elencavano pregi e virtù: dal che risultava che non v'era a quel tavolo nessun discendente di mascalzone. I bicchieri erano piccoli, si vuotavano subito in gola; ciò era un guaio poiché, quando un solo bicchiere era vuoto, subito qualcuno si alzava e ricominciava daccapo la sua litania sui nonni defunti. Eravamo andati a mangiare alle sette, all'una di notte non avevamo ancora finito: restava un brodino di pollo che chiudeva quella rassegna da Pantagruel, sostituendo il caffè. Duilio era rosso, con lo sguardo privo di vita, e non si curava per niente di Miss Hong Kong che era bellina e cretina come quasi tutte le miss. Io soffrivo per la paura che si accorgessero di ciò che facevo: scambiavo le mie tazze di cibo con quelle, vuote, del vicino ubriaco. Le altre donne invece mangiavano senza fatica, come se tutto ciò fosse normale. Erano donne molto ricche, use a frequentare la Costa Azzurra e Biarritz, e quasi tutte erano scappate da Pechino o Shanghai dove i loro mariti sostenevano Chiang Kai-scek. Indossavano abiti fabbricati a Roma o a Parigi e non erano le cinesi che volevo conoscere. Così, dopo il brodo di pollo, inventai una violenta emicrania e tornai in albergo dove chiesi l'orario dei treni che vanno al confine.

* * *

Come sono le donne cinesi? Io le osservo da questo minuscolo pezzo di terra che per sessanta chilometri di orti e risaie, verdi e lucenti come blocchi di giada, confina con la grande inaccessibile Cina. C'è la bandiera di Elisabetta II su Hong Kong, ultimo baluardo dell'Occidente nell'Asia, e per quei sessanta chilometri si stende, cupo, il filo di ferro della frontiera che chiamano Cortina di Bambù. Alla stazione inglese di Lowu muore il binario della ferrovia che un tempo portava direttamente a Shanghai e, cinquecento metri più in là, alla stazione cinese di Shenzen, muore il binario della medesima ferrovia che un tempo portava direttamente ad Hong Kong. Tra le due stazioni, dove due imperi si arrestano, c'è un fiume che si chiama Sham Chun: e l'odio vi scorre insieme all'acqua giallastra. Ma su quel fiume c'è un ponte, e su quel ponte passano le donne che da Hong Kong vanno nella Cina Rossa e le donne che dalla Cina Rossa vengono a Hong Kong, per visitare le loro famiglie. Vi sono pochissimi uomini che attraversano il ponte di Sham Chun: sia i cinesi devoti a Chiang Kai-scek che i cinesi devoti a Mao Tse-tung lo attraversano malvolentieri; o non ottengono il permesso dalle autorità, o ne hanno paura. Ma le donne vanno e vengono continuamente. Quando, tra gennaio e febbraio, cade la festa del primo dell'anno cinese, sul ponte si formano due lunghissime code che procedono in senso contrario, a piccoli passi gentili. Sono le madri o le sorelle o le amanti scese a Lowu per risalire a Shenzen o scese a Shenzen per risalire a Lowu: col foglietto bianco che ne garantisce il ritorno.

Sono donne sotto molti aspetti diverse, se si guardano con gli occhi dell'odio che ha interrotto da una parte e dall'altra la ferrovia. Quelle di Hong Kong passano per le donne più seducenti dell'Asia ed hanno quasi sempre capelli messi in piega dal parrucchiere, labbra ed unghie dipinte, tacchi alti, e indossano il vestito più sexy che esista: quel *cheongsam* con gli spacchi laterali che scoprono le gambe all'altezza delle cosce. Quelle della Cina Rossa hanno quasi sempre i capelli riuniti in due trecce o una zazzera corta, e le loro labbra son pallide, le unghie prive di smalto, indossano il vestito meno sexy che esista, coi pantaloni larghi e il camiciotto lento che nasconde ogni forma del corpo. Hanno fama d'essere le donne meno seducenti dell'Asia e, quel che è peggio, non se ne dispiacciono: l'8 marzo 1960, quando diecimila decorate si riunirono per la Giornata Internazionale della Donna a Pechino, la loro presidente gridò al microfono: «Evviva! Le ragazze snelle, fragili e sentimentali che i reazionari consideravano pigre e graziose, oggi sono brutte e lavorano». (Al che esse risposero, in coro: «Evviva! Ciò che prima era brutto, oggi è bello. Ciò che prima era bello, oggi è brutto»). Quelle di Hong Kong seguono ancora le leggi di Confucio secondo cui un uomo può divorziare dalla moglie quando costei disubbidisce ai suoceri, è sterile, chiacchierona o gelosa; e può pigliarsi tutte le concubine che vuole. Quelle della Cina Rossa osservano la Nuova Legge sul Matrimonio che impone ai coniugi «l'assoluta monogamia, il dovere di amarsi l'un l'altro, proteggersi a vicenda, aiutarsi a costruire una nuova società»; inoltre consente alle donne di mantenere il proprio cognome. Sicché i bambini della Cina Rossa portano il cognome della madre e del padre, o i maschi quello del padre e le femmine quello della madre. Infine, quelle di Hong Kong esaltano una donna che si chiama Sung Mei-ling ed è la moglie di Chiang Kai-scek. Quelle della Cina Rossa esaltano una donna che si chiama Sung Ching-ling ed è vicepresidente della Repubblica, sempre alla destra di Mao Tse-tung. Sung Mei-ling e Sung Ching-ling sono sorelle.

È un paradosso che ha il sapore dell'ammonimento e sembra spiegare la parentela non solo di razza che esiste tra le cinesi divise dal ponte di Sham Chun. Infatti, se le guardate senza l'odio che scorre nel fiume, vi accorgete che non sono poi tanto diverse: come le due sorelle nemiche. Il modo di portare i bambini dietro la schiena legandoli con un fazzoletto a mo' di zaino è lo stesso. Quell'andatura placida di creature che non hanno mai fretta e sopportano senza un lamento fatiche inumane, è la stessa. Quell'isolamento geloso che oppongono ad ogni approccio socchiudendo le palpebre, è lo stesso. E infine è la stessa un'altra piccola cosa: la fattura del colletto che chiude sia il civettuolo *cheongsam* che la severa uniforme. È un colletto duro, sostenuto dal crine, che irrigidisce il collo dalla base fin quasi alle orecchie: allungandolo come lo stelo di un fiore e costringendo la testa a rizzarsi in un atteggiamento di costante fierezza. Nessuna donna in Asia o nel mondo porta un colletto così alto, così duro, e così fiero all'infuori della donna cinese, che lo adottò nel 1911 quando cominciò a ribellarsi alla barbara usanza dei piedi fasciati: quasi che camminare coi piedi normali le inducesse a sollevare il capo e lo sguardo.

Dicono i comunisti cinesi che le loro donne sono cambiate negli ultimi undici anni, con la vittoria di Mao Tse-tung. E certo la metamorfosi che esse hanno subìto negli ultimi undici anni è straordinaria: però non è vero che siano cambiate per Mao Tse-tung. La loro metamorfosi, come dice Han Suyin, maturò molto prima: quando venne abolito il feticcio sessuale più assurdo che gli uomini abbiano mai inventato nel corso delle civiltà: i piedi fasciati. Non si può capire le cinesi di oggi se non si incomincia il discorso da quei piedi fasciati che ancora oggi si vedono nella Cina Rossa e ad Hong Kong. La pena più acuta, nel corso di questo viaggio, io non l'ho provata per le mussulmane che vivono nella prigione del purdah e nemmeno per le indiane che tentano di bruciarsi sul rogo del proprio marito. La provai per la vecchia cinese incontrata sul treno, la mattina stessa in cui ero andata al confine.

C'è ben poco da vedere al confine fuorché quell'andare e venire di donne che si assomigliano tanto. Così risalii sopra il treno che mi riportava ad Hong Kong e lei mi sedeva davanti, minuscola dentro i pantaloni di seta nera e il camiciotto di seta bianca, il visino segnato da rughe leggere come una cartavelina che è servita a fare un fagotto, il mento alto sul suo colletto di crine. Poiché stava immobile e i pantaloni le coprivano tutta la parte inferiore del corpo, non mi accorsi subito che i suoi piedi fossero insopportabilmente piccini. Me ne accorsi quando si alzò per recarsi alla toilette e, anziché vederla camminare, la vidi saltellare: come quei passerotti che vengono sul balcone a mangiare le briciole. Saltellava infatti a piedi uniti, coi ginocchi rigidi e le spalle rigide, e solo quando era sollevata da terra di due o tre centimetri sembrava sicura. Quando toccava terra di nuovo, il suo corpo tentennava avanti ed indietro, privo di equilibrio e di appoggio, e doveva aggrapparsi per non cadere. Il suo avanzare era di conseguenza lentissimo. Dopo due o tre salti doveva fermarsi, aggrappata a qualcosa, e riprendere fiato. Allora il dondolare del treno rendeva la sua manovra più faticosa e il volto si storceva in una smorfia di rassegnazione collerica che dava al suo sguardo qualcosa di duro. Ci mise almeno dieci minuti a raggiungere la toilette, altrettanti a tornare. Poi sedette con fare sdegnoso, quasi a evitare ogni discorso.

Io sapevo che chi viene dal ponte di Sham Chun ed ha il foglio bianco che ne garantisce il ritorno, non vuole parlare ad estranei. Così non tentai nemmeno di domandarle qualcosa mediante il mio interprete e mi finsi molto occupata a osservare dal finestrino le ragazze che lavorano nei campi di riso, coi ginocchi nell'acqua come le nostre mondine e la testa coperta da un cappellone a pagoda. Ogni tanto però mi giravo a guardare quei piedini a triangolo e fu ad una di queste occhiate furtive che la vecchia signora abbandonò la sua diffidenza ed esclamò in cantonese al mio interprete: «Non li aveva mai visti, eh?». Poi volle sapere chi ero e da dove venivo e, presentatasi come la signora Lam Chou, abitante a Canton, di anni sessantasette, in viaggio per vedere suo figlio ad Hong Kong, mi raccontò. Trascrivo quello che disse senza mutare niente giacché la traduzione lenta del mio interprete e la signora Lam Chou mi consentirono di riprendere tutto.

«Ai miei tempi dovevamo avere i piedi più corti possibile, non più di nove centimetri. I miei però sono più lunghi perché non li fascio da quarant'anni. Si cominciava a fasciarli a cinque anni e si usavano strisce di cotone, larghe un centimetro e mezzo e lunghe due metri. Si cominciava presto perché a quell'età le ossa sono tenere. Si fasciavano tutte le dita fuorché il dito grosso e si stringeva; ogni giorno più forte finché le ossa non si rompevano e le dita si piegavano facili sotto la pianta del piede. Finché le ossa non si erano rinsaldate, bisognava stare a letto e si sentiva un gran male. Una notte soffrivo tanto che mi tolsi le fasce ma mia madre mi picchiò e non osai più. Mia madre diceva che le ragazze coi piedi grossi non trovano marito e solo le contadine o le serve avevano i piedi grossi. Infatti un uomo di classe superiore che voleva sposare una donna di classe superiore chiedeva: "Quanto sono corti i tuoi piedi?". Se non erano abbastanza corti, egli poteva annullare le nozze. Insomma per quindici anni non mi fu mai permesso di sfasciare i miei piedi che altrimenti ricominciavano a crescere e così solo il mio corpo cresceva mentre i piedi diventavano sempre più piccoli e mia madre doveva comprarmi scarpe sempre più piccole o infilare il cotone nelle scarpe vecchie. C'è un detto in Cina: "Un secchio di lacrime per ogni paio di piedi fasciati". Però io, di secchi, ne ho riempiti più d'uno perché mia madre mi fasciava anche il seno. Per essere belle, non dovevamo avere le curve. Il seno doveva essere piatto, invisibile. Anche qui si sentiva un gran male.»

Rise, chioccia, per il modo in cui seguivo il racconto. E batté le mani, contenta di avermi stupito. «Ora è tutto diverso e le ragazze fanno le prepotenti coi maschi. Ma ai miei tempi nessuna disgrazia poteva esser più grave che nascere donna. Quando nasceva una femmina, la famiglia era in lutto e la femmina doveva imparare subito l'obbedienza al padre e ai fratelli. Quando la femmina si sposava, doveva imparare l'ubbidienza al marito e alla suocera. E conosceva il marito solo al momento della cerimonia. Spesso il marito era molto più giovane. Mia sorella sposò a diciotto anni un marito di sette. Gli fece da madre in attesa che lui raggiungesse l'età giusta per metterla incinta, ma a dodici anni il bambino morì e così mia sorella divenne vedova senza mai essere stata un'autentica moglie né un'autentica madre.

«Naturalmente una vedova non poteva risposarsi e molti parenti le chiedevano di lasciarsi morire di fame, così non sarebbe stata un peso per la famiglia. Alcune si lasciavano morire di fame perché da morte contavano finalmente qualcosa e la famiglia spendeva soldi in un bel funerale, poi innalzava un arco in giardino, con la scritta: "Alla sposa fedele". Quando non restavano vedove, sognavano di diventare presto vecchie: da vecchie, le donne erano rispettate e importanti. Perché questo avvenisse però bisognava essere la Prima Moglie. Mia madre era una Prima Moglie, così quando fu vecchia tutti la chiamarono Lao Tai Tai che vuol dire Illustre Madre della Famiglia, e i figli delle altre mogli le appartenevano. Quando essa usciva, figli, figlie, nuore e nipoti si riunivano intorno al cortile a farle gli inchini e lei decideva per tutti. Ma ora tutto è diverso» ripeté Lam Chou. Il treno era entrato alla stazione di Kowloon e i suoi occhi tornarono diffidenti e distratti: a dimostrare che il colloquio era finito, ed anche la breve amicizia. Quando il figlio batté con le nocche al finestrino, si alzò e, di nuovo saltellando come un passerotto, si allontanò lungo la pensilina senza regalarmi nemmeno un saluto. Mi lasciò, in compenso, un giornale. E mi piacerebbe proprio sapere se lo fece per distrazione o proposito poiché era un giornale propagandistico: di quelli che i comunisti fanno circolare con la convinzione di trarne gran giovamento e gli anticomunisti con la convinzione di seminare ridicolo. Infatti si chiamava «Donne della Cina» e l'interprete disse che conteneva una storia assai interessante. Doveva tradurla?

Ma certo, risposi avviandomi verso il ferry-boat. La storia era la storia di una moglie cinese moderna, Hsiu Ying, il cui marito, Kuo Ying-chen, era andato a studiare in Russia due anni. Hsiu Ying aveva detto a Kuo Ying-chen che partiva: «Due anni son lunghi ed io sono una povera donna ignorante. Mi vorrai ancora al ritorno?». Kuo Ying-chen aveva risposto: «Vedremo. Studia anche tu». Così Hsiu Ying aveva studiato diventando presto un dirigente del Comitato di Strada, poi dirigente sezionale di fabbrica. Al ritorno, Kuo Ying-chen che era rimasto in Russia un marito affezionato e fedele aveva chiesto alla moglie: «Cosa sarebbe successo se ti avessi dimenticata?». E Hsiu Ying: «Ci avrei fatto una bella risata. Esistono tante cose nel mondo più importanti di te». Commento di Kuo Ying-chen: «Povero me. Ora sei tu che mi consideri all'antica e vuoi sbarazzarti di me».

L'interprete mi tradusse la storia sul ferry-boat che era pieno di donne in *cheongsam*, dalle gambe scoperte fin quasi a mostrare l'orlo delle mutandine e il seno aggressivo secondo la nuova moda che impone l'uso dei reggipetti di gomma. Io guardavo quei reggipetti di gomma, poi pensavo a Hsiu Ying, e mi sembrava impossibile che fossero figlie delle donne descritte dalla vecchia signora coi piedi fasciati. Il loro mondo non aveva più alcun legame col suo, era un mondo ignaro dei secchi di lacrime. Sapevo, ad esempio, che le ragazze dal seno aggressivo ridevano al racconto delle nonne costrette a comprimersi il seno fino a renderlo piatto: il fabbricante di reggipetti di gomma aveva fatto una vera fortuna ad Hong Kong. I reggipetti più commerciali erano tuttavia quelli che si gonfiano con la cannuccia e la moda stava ora spostandosi verso Pechino e Shanghai dove si possono vedere mariti che fanno la spesa nei market o rigovernano i piatti alla moglie: proprio come a New York o a Stoccolma. In questo mondo di reggipetti di gomma la parola concubina non aveva alcun senso. C'era ancora qualche concubina ad Hong Kong dove le tradizioni sono più dure a sparire: ma si trattava di vecchie, quelle di mezza età avevano chiesto il divorzio. Una, assai celebre, sfruttava la sua sapienza dirigendo una scuola dove si insegnava alle mogli «il modo di mantenere il marito»: vere e proprie lezioni sull'arte di fare l'amore. La scuola, assai rispettata, aveva un'aula coi banchi. La maestra sedeva alla cattedra e all'occorrenza faceva disegni su una lavagna: chiamando le cose col loro nome. Le alunne sedevano composte nei banchi e non s'era mai dato il caso che qualcuna arrossisse. Non era anche questo un modo per reagire al passato come la comunista Hsiu Ying?

«Mi piacerebbe» dissi al mio interprete «conoscere un tipo come Hsiu Ying. Non vi sono donne comuniste ad Hong Kong?»

«Certo» rispose. «Ce n'è al China Store. Ce n'è nelle librerie comuniste, e nel quotidiano comunista. Si può sempre provare.»

Il ferry-boat era arrivato a Victoria Island. Si accostò al molo, la fiancata laterale vi si abbatté formando una grande passerella, e tutti scendemmo mentre i *coolies* ci imploravano di usare il ricsciò. Hong Kong è forse l'unica città d'Oriente dove esistano ancora ricsciò tirati dall'uomo. Nella Cina comunista, ad esempio, trovare un ricsciò è impossibile: li hanno tutti aboliti. In Giappone sono passati di moda, salvo in certe campagne. A Singapore se ne scorge qualcuno ad uso dei turisti che vogliono ridere. Nel Pakistan sono tirati da un uomo che va in bicicletta, ma un'ordinanza ha imposto che le biciclette debbano essere sostituite da motorette. Hong Kong invece ne è piena, e i *coolies* sostano come cavalli lungo i marciapiedi. Interminabili file di cavalli con il corpo e il cuore di un uomo: scalzi, seminudi e avviliti. Agli europei piace farsi tirare da questi cavalli col corpo e il cuore d'un uomo e trovano abbastanza ridicolo commuoversi sulla loro schiena sudata, dai muscoli tesi nello sforzo eccessivo. Ma a me non piaceva. Una volta, a Karachi, avevo preso un ricsciò a bicicletta e subito ero scesa carica di imbarazzo. Così andammo a piedi fino al China Store, che è un magazzino come la Rinascente a Milano e dove si acquistano, a prezzi di concorrenza, i prodotti che vengono dalla Cina Rossa: sete, porcellane, carta da lettere e grappa.

Non si lavora al China Store se non si è iscritti al partito e quasi sempre le commesse sono ragazze che vengono da Pechino o Shanghai, per far pratica di inglese. Mi stupirono anzitutto per i loro vestiti all'europea, così insoliti a Hong Kong, poi per la loro aria celeste, severa: da monache di clausura. Nessuna era truccata, molte portavano occhiali, e i loro gesti avevano proprio la compunzione e l'inaccessibilità delle monache che oppongono silenzio alle domande indiscrete. Loquaci finché si trattava di vendermi una seta o una carta da lettere, stringevano ostinate le labbra quando chiedevo: «Le piace vivere a Hong Kong? Dove ha imparato questo inglese perfetto?». Era come rivolgere domande a un esercito di sordomute. Così andammo alla libreria comunista con un pretesto più serio. Avevo trovato, sull'ultimo numero di «Time Magazine», una notizia curiosa e volevo controllarla. Una moglie di Pechino, scriveva «Time Magazine», aveva inviato al settimanale «Donne della Cina» la seguente lettera: «Mio marito mostra tendenze reazionarie. Egli critica il partito e il nostro glorioso compagno Mao Tse-tung. Devo denunciarlo? Siamo sposati da molti anni ed egli è sempre stato buono con me». La direttrice del settimanale aveva risposto: «In uno Stato socialista l'amore tra moglie e marito è legato al loro entusiasmo per le conquiste del socialismo. Se la lettrice non denuncia il marito, il suo amore coniugale verrà a incrinarsi nella base politica su cui fu fondato. Ed essa perderà la pace in famiglia».

«Vorrei il settimanale "Donne della Cina"» dissi alla commessa, che era una ragazza sui diciott'anni, bellina, col volto impenetrabile e la gonna plissé. «Ma il numero che cerco è arretrato. Avete anche i numeri arretrati?»

«Cosa vi cerca?» chiese la ragazza.

«Una notizia. Desidero controllarla.»

«Quale notizia?»

«Non è proprio una notizia» spiegai. «È una lettera di una lettrice di Pechino che chiede un consiglio.»

«Quale consiglio?»

Le porsi il «Time Magazine» aperto alla pagina col titolo «Red China». La ragazza lesse col solito volto impenetrabile, poi mi restituì il giornale.

«Sciocchezze. Propaganda. Sciocchezze.»

«Va bene. Però vorrei rintracciare ugualmente quel numero. Posso vedere gli arretrati?»

«Sciocchezze. Propaganda. Sciocchezze.»

«Va bene. Posso cercare quel numero?»

«Inutile. Tra pochi minuti si chiude. *This is lunch time, you know*.»

Mi accompagnò gentilmente alla porta onde fosse chiaro che era inutile insistere e mi parve quasi grottesco chiederle se voleva parlare con me. Infatti lo era: per tutto il tempo che rimasi ad Hong Kong non riuscii mai a parlare con una comunista cinese. Telefonai anche alle redattrici del quotidiano «Red China» ed esse risposero che sarebbero state onoratissime di incontrarmi se il direttore avesse dato loro il permesso. Ma il permesso, a lungo sollecitato, non venne mai, né conobbi la causa di tanto rifiuto. Ad Hong Kong, dove lo spionaggio è più florido del contrabbando di oppio e di pietre preziose, nessuno giustifica la propria prudenza. Così rinunciai a sapere da loro ciò che del resto sapevo benissimo e continuai la mia inchiesta tra donne meno prudenti. C'erano centinaia di donne da capire in quest'isola dove tutto è possibile, e il mio interprete sosteneva che dovevo assolutamente recarmi a Shau Ki Wan, una baia dell'isola, perché le donne che vivono a Shau Ki Wan non sono molto diverse da quelle che vivono sul Fiume delle Perle a Canton. E un mattino ci andai.

Era un mattino celeste. Le giunche con le vele ad ali di pipistrello scivolavano dolci sul mare più verde del mondo. Lungo la strada che porta a Shau Ki Wan c'era un profumo di alghe e di erba. Ma le acque di Shau Ki Wan non sono verdi. Sono color della pece, per il sudicio che vi stagna da secoli insieme a un fetore violento. In quella pece e in quel fetore che toglie il respiro come vampate di gas, le barche si ammucchiano da riva fin dove giunge lo sguardo attaccate l'un l'altra come ceste al mercato, piccole come un letto a una piazza, fornite soltanto di un remo, una tenda, un fornello per cuocere e una stuoia per dormire. E qui le donne che qualcuno chiama ancora Tan-Ka, le Intoccabili, nascono vivono muoiono senza mai scendere a terra; da duemila anni.

Non si vedono uomini a Shau Ki Wan, come non se ne vedono sul Fiume delle Perle a Canton. Gli uomini vanno a pescare restando lontano per mesi e quando tornano preferiscono scendere a terra. Così, per centinaia e centinaia di metri, quel tappeto perpetuo e immoto di barche è un brulicare di donne che lavano i panni dei ricchi nei bidoni d'acqua pulita che viene da terra, o seccano il pesce sopra le stuoie, o passano di barca in barca qualcosa dopo averla legata a una canna di bambù: mentre altre donne si insinuano per gli stretti canali su barche che vendono riso, verdura e acqua da bere. Usano, per andare, un bastone identico a quello che hanno i gondolieri a Venezia e sono donne instancabili, nere di sole, coi calzoni rimboccati sui muscoli duri e un bambino legato dietro la schiena. I bambini cinesi sono grassi, pesanti, e resta un mistero come esse facciano a reggerli durante il lavoro senza spaccarsi la schiena. Ma le cinesi, dice Han Suyin, sono le donne più forti del mondo e sanno durare alla fatica come nessuna altra donna nel mondo. «Ho visto donne partorire da sole e subito dopo tornare nei campi. Ho visto donne trascinar pesi che avrebbero schiantato la resistenza di un mulo. Nel 1958, nella Cina del Nord, una intera montagna fu rimossa dalle donne: per costruire una diga. Duecentomila donne, la metà delle quali portava, coi cesti di sassi e di terra, un bambino legato dietro le spalle.»

Anche Pek Ling portava un bambino dietro le spalle e un altro legato con una corda alla sua caviglia sinistra, alla maniera di un cagnolino. Nello stesso tempo remava, inesplicabilmente riuscendo ad insinuarsi in quei canali invisibili, per portarmi un poco più al largo dove il fetore è meno violento. Era fortunata, spiegava il mio interprete, perché la sua barca poteva spostarsi: quelle vicino alla spiaggia restavano invece insabbiate dentro la rena. E lei, non andava mai verso terra? «Oh, no! Che ci farebbe, a terra, una povera Tan-Ka?» La donna che disse di chiamarsi Pek Ling e che raggiungemmo, di barca in barca, a trecento metri da terra, non era mai stata ad Hong Kong. Una volta s'era spinta fino alla piazza di Shau Ki Wan dove ci sono le automobili, i negozi e i turisti: ma tutto questo le aveva messo spavento e così era tornata nel mare rinunciando per sempre a vedere com'era fatto un campo di riso o una strada o un autobus. Non sapeva nemmeno come crescono gli alberi. Però sapeva contare, mi disse, perché gli agenti delle tasse salivano a bordo ogni anno ed era necessario contare perché non imbrogliassero. Per dimostrarmi quanto fosse brava a contare, calcolò che avessi quasi ottant'anni giacché le avevano detto che dall'altra parte del mondo, dove vivono i bianchi, i bambini nascono che hanno cent'anni e via via che crescono perdono un anno anziché acquistarlo. Mi sarebbe piaciuto sapere chi le aveva narrato una tale sciocchezza. Ma poi mi dispiacque deluderla e la ringraziai della sua gentilezza: non avevo ottant'anni. Ne avevo di più. E lei? Lei era vecchia, mi disse, ne aveva quaranta. Era nata su una di queste barche e s'era sposata a quattordici anni. Su questa barca aveva passato la sua prima notte di nozze, aveva partorito i suoi cinque figli, e sarebbe vissuta fino alla morte: quando l'avrebbero chiusa dentro un lenzuolo e sarebbero andati a buttare il suo corpo molto lontano, nell'acqua. Dei suoi figli, due erano qui, un terzo era a pescare col padre, le due figlie maggiori erano a Hong Kong. Lo disse con espressione di orgoglio sul volto largo e abbronzato.

«Sono io che ho voluto mandarle ad Hong Kong. Non mi piaceva che anche loro morissero sopra una barca. Se ne andarono tre anni fa. Un anno fa sono venute per salutarmi. Avrebbe dovuto vedere com'erano belle. Avevano la permanente e un bel vestito arancione, certe scarpe che non capivo come facessero a camminare. Mi dissero che lavoravano molto, in un posto di notte. Quali sono i lavori che si fanno di notte?»

«Non saprei» dissi. «Forse erano in una fabbrica.»

«E che cos'è una fabbrica?»

«Un posto dove si costruisce qualcosa. Ad esempio automobili.»

«Oh, no! Le mie figlie non costruiscono automobili. Io conosco le automobili. Fanno un lavoro più fino, come intrattenere la gente. Ma non ricordo che cosa. Lei ha un'idea?» Aveva smesso di remare, un po' ansiosa, e mi fissava.

«No» mentii. «Non ho nessuna idea.»

«Senta» disse Pek Ling. «Lei deve farmi un favore, lei che gira tanto ad Hong Kong. Se le incontra, me le saluti. Tanti saluti da vostra madre Pek Ling.»

«Va bene.»

Mi riportò vicino alla spiaggia, di barca in barca raggiunsi la strada e l'idea mi tormentava un pochino. Naturalmente potevano essere ovunque le figlie di Pek Ling: in un ristorante come cameriere, in un ufficio come impiegate, perfino in un luogo severo come il China Store. E tuttavia io ero convinta che fossero in un posto nientaffatto severo e così la sera stessa andai al Metropol, il night-club delle taxi-girls più ricercate di Hong Kong.

È sconcertante, il Metropol. Si entra per una porta innocua, con un gran drago nel mezzo, e subito si trova una pista da ballo soffusa di luce rossastra, coi *séparés* nelle sale adiacenti. Su ogni tavolo, insieme alla lista dei *cold drinks*, *hot drinks*, succhi di frutta e gelati (i liquori sono strettamente proibiti come l'accesso ai minori di anni sedici), si trova un foglietto di carta giallognola su cui è scritto in cinese e in inglese: «*All beautiful girls for your choice*». Sotto, in cinese e in inglese, vi è l'elenco delle *ladies* col nome, l'età, la circonferenza toracica. Le *ladies* sono all'incirca una settantina e molti dei loro nomi inventati sono italiani: Gina, Rosetta, Teresa, Sophia. La scelta non è complicata: si segna col lapis il nome o la circonferenza toracica che ci piace di più e un cameriere ossequioso vi dice se costei è disponibile. Il prezzo per ballare o conversare con la ragazza è di cinque dollari ogni venti minuti: scaduti i venti minuti, potete sceglierne un'altra o rinnovare l'accordo con quella. A una cert'ora della notte, se volete, potete anche portarvela via: in questo caso però il prezzo è di undici volte venti minuti. Non si fanno eccezioni sul fatto che il cliente sia un uomo o una donna. Ovviamente, la gran maggioranza dei clienti son maschi ma vi è anche qualche europea usa a peccati dubbi o emozioni bizzarre.

Quella sera, ad esempio, ve n'erano. E il direttore, che è un giovane furbo e untuoso, rimase assai male quando spiegai che non cercavo affatto emozioni bizzarre: ero solo una giornalista giunta qui per fotografarle e parlarci. Ciò poteva servirgli come réclame al locale. La parola giornalista parve lasciarlo un po' incerto. La parola réclame, rinfrancarlo. Così mi indicò le ragazze che sedevano con le gambe accavallate nei *séparés* o lungo la pista e rispose che potevo farne ciò che volevo: l'importante era che non fotografassi i signori clienti, ciascuno dei quali voleva mantenere l'anonimo.

Le ragazze seguirono i nostri discorsi con indifferenza, quasi la cosa non le riguardasse. Poi, stancamente, si alzarono e tentarono di essere cortesi. Cosa volevo sapere? Come desideravo fotografarle? E con docilità rassegnata esibivano il busto stretto nella guêpière, si lisciavano i *cheongsam* di raso verde o arancione o viola, tentavano di rispondere alle domande. Non conoscevano altre parole in inglese fuorché quelle indispensabili al loro mestiere: «*I love you*»; «*I like you*»; «*I am your pussy-cat*»; «*Could I have a drink?*». Quasi tutte dicevano di venire da Pechino o Shanghai da dove i loro genitori eran fuggiti per ragioni politiche. E quasi tutte mentivano perché erano nate e cresciute ad Hong Kong. Alla più bella, che sembrava anche la più intelligente, chiesi se il mestiere le piaceva e rispose: «No certamente». Poi chiesi se le sarebbe piaciuto sposarsi e rispose: «Chi vuole che sposi una come me?».

Erano molto belline con quei reggipetti di gomma e lo spacco da cui si intravedeva l'orlo delle mutandine, e molto educate. A ciascuna chiedevo se conoscessero una Tan-Ka di nome Pek Ling e ciascuna rispondeva naturalmente di no. Solo Teresa, che era una ragazzotta robusta, non bella, coi capelli troppo ricciuti per la permanente, parve un poco arrossire quando glielo chiesi e rispose con voce cattiva di non aver niente a che fare con le Tan-Ka. Poi un'americana coi fianchi duri e il volto privo di cipria venne a chiederle se voleva ballare un cha-cha-cha; ed esibiva un biglietto che la requisiva per undici volte venti minuti. Teresa mi fissò con occhi smarriti, di nuovo parve arrossire, poi rispose con un'alzata di spalle «O. K.». Ed io preferii pensare che mi avesse detto la verità.

Vi sono molte prostitute cinesi ad Hong Kong dove il commercio delle ragazze è fiorente come in nessuna altra parte dell'Asia. Eppure le cinesi restano le donne più puritane d'Oriente. Per una cinese che si rispetti, camminare per strada tenendo a braccetto un uomo o perfino il marito è vergogna. Baciarlo in pubblico non è neppure concepibile. Sposarlo senza l'intenzione di avere figli, addirittura mostruoso. I cinesi non furono mai un popolo molto religioso, ma furono sempre un popolo puritano e lo dimostra la loro assoluta incapacità a rappresentare in arte il corpo di una donna. Per loro il corpo di una donna non fu mai sorgente di ispirazione, per descriverlo presero sempre in prestito i ritmi della natura. La curva delle spalle o del collo richiamò sempre il paragone coi salici piangenti, gli occhi furono sempre paragonati ad albicocche, le ciglia alla luna crescente; lo sguardo alle acque silenti di un lago autunnale; i denti ai semi del melograno; le dita ai germogli primaverili del bambù; e mai che si alludesse a particolari più sostanziosi. Il rispetto per la castità divenne, col confucianesimo, una sorta di ossessione: come la dottrina della Casta Vedovanza, il rispetto esasperato per la famiglia, il matrimonio inteso esclusivamente come mezzo di procreazione. L'abitudine a punire con la morte le fanciulle che perdevano prima del matrimonio la verginità non era che una conseguenza diretta del puritanesimo: e tale punizione non fu mai considerata delitto. Nel 1935, in un sobborgo di Shanghai, una ragazza di ventidue anni fu sotterrata viva poiché usciva al tramonto col fidanzato e, sebbene i genitori colpevoli fossero stati regolarmente denunciati all'autorità giudiziaria per omicidio, l'unica pena che ne riportarono fu un'ammenda per aver seppellito il cadavere lungo la pubblica via, contravvenendo così alle norme di igiene. Un'altra donna fu lasciata morire di fame e di sete poiché aveva osato dormire in giardino, in un pomeriggio accaldato, facendosi vedere da tutti.

La parola amore fu sempre una parola tabù. E lo è ancora oggi, in certo senso, nella Cina Rossa e ad Hong Kong. Non la sentirete mai pronunciare in un salotto, né per strada, né al cinematografo. Una sera, ad Hong Kong, andai a vedere un film cinese che narrava una storia d'amore. A un certo punto il protagonista si avvicinò alla protagonista ed era chiaro che stava per dirle qualcosa di molto tenero. Invece non disse nulla.

Dopo averla guardata a lungo negli occhi, si allontanò e cominciò a cantare una canzoncina da cui risultava che le voleva un gran bene e l'avrebbe sposata, genitori permettendo, s'intende. La canzoncina non c'entrava per niente dal momento che il film non era nemmeno musicale: così mi venne da ridere e mi guardai intorno per vedere se anche gli altri ridevano. Ma nessuno rideva. Più tardi chiesi se in ogni film fatto in Cina il protagonista si mettesse a cantare ogniqualvolta doveva dire a una ragazza «ti amo» e mi dissero sì: certamente avevo notato come nel film non vi fosse alcuna frase indecente o accenno di nudità. E nella vita di tutti i giorni, come si comportavano? Non facevano l'amore, i cinesi? Ma certo, lontano dagli occhi di tutti, e purché fossero regolarmente sposati. Il matrimonio era sempre stato l'unico diritto inalienabile delle donne cinesi, per questo le zitelle eran trattate alla stregua di un uomo disoccupato. E le concubine, allora? Che discorsi! Non era un matrimonio, anche il loro?

Dice Han Suyin: «Chi crede che la disciplina comunista abbia lanciato la moda del libero amore si sbaglia di grosso: essa non ha fatto che rafforzare nei cinesi e soprattutto nelle cinesi il terrore per il peccato carnale e l'erotismo. La chiusura dei quarantamila postriboli non fu determinata solo da ragioni sociali ed economiche: fu determinata anche, e soprattutto, da ragioni morali. Oggi, non c'è relazione amorosa, in Cina, che non sia sanzionata dal matrimonio. Un uomo e una donna che pretendano di vivere insieme senza esser sposati, si fanno la fama di peccatori spregevoli; l'adulterio costituisce una delle colpe più gravi che possano esser commesse verso la società. E non parliamo degli adulteri che sono iscritti al partito: devono renderne conto ai tribunali politici. Chi si innamora, si sposa. I divorzi sono rari, difficili ad ottenersi. Per provocarli non è sufficiente l'adulterio. Come la Chiesa cattolica, il governo comunista predica fino alla noia l'unità familiare e la devozione filiale, le quali costituiscono una delle Cinque Buone Cose che le madri insegnano ai figli. Sono tanto puritane, le cinesi moderne, che hanno moralizzato perfino la parola amore. Prima, anziché dire moglie o marito, si diceva Nui Jan: la Persona dentro la Casa. Ora, si dice Ai Yen: la Persona che Amo. Con tale scherzo del vocabolario, non potrete mai dire "la persona che amo" per riferirvi a qualcuno cui non siete legati da legittimo vincolo: l'amore non legalizzato non è vero amore. I cattolici non arrivano a tanto».

Altri sostengono che il rinsaldarsi del puritanesimo ha distrutto nelle donne cinesi ogni gusto per la civetteria ed anche in seguito a questo esse preferiscono vestirsi con l'uniforme e la tuta che rendono più facile il cameratismo tra sessi. Così non c'è differenza, per strada, tra il modo di vestire degli adolescenti e delle adolescenti che indossano la medesima giacca blu coi pantaloni blu: se non fosse per le trecce delle ragazze, si crederebbe di camminare tra una popolazione di ermafroditi. Nei loro discorsi, ogni allusione al sesso è bandita: ammenoché non si tratti di discorsi scientifici. «La rivoluzione» disse una signora cinese a Simone de Beauvoir «ci ha liberato dall'amore.» Un commerciante svizzero che incontrai in un ristorante di Hong Kong mi disse: «Io, il visto per la Cina ce l'ho e ogni tanto ci passo tre mesi. Un tormento. Lei è latina, dovrebbe capire: un uomo ha le sue esigenze. Ma con quelle ragazze, non c'è nulla da fare: tutt'al più, se riuscite a invitarle a cena, vi parlano della battaglia dell'acciaio. Da dove vengono tutti quei bambini, mi dico. Sono ancora capaci di partorire figlioli, quelle monache in borghese? Un giorno io lo chiesi a una capofabbricato e lei rispose: "Un momento di tempo si trova sempre. E poi il matrimonio non ha l'unico scopo di procreare dei figli?"».

Si capisce perciò come molti preti cattolici siano riusciti a convivere col regime di Mao, checché se ne dica, e perché nelle cerimonie ufficiali ci sia spesso il solito vescovo. La Cina è infatti l'unico paese d'Oriente dove il controllo sulle nascite non sia mai stato applicato. Si provarono, con molte cautele, nel 1956. Dovettero smetterla: le donne, altrimenti, avrebbero minacciato una controrivoluzione. «Perché» gridarono «non esercitate un controllo anche sulla vendita dei cosmetici? Usare cosmetici non è forse provocato dal desiderio della maternità?»

Tuttavia sono proprio queste donne dall'aria celeste e severa, fustigatrici acerrime del peccato e della civetteria, capaci di urlare alla vista di un bidet, che al di qua e al di là del fiume Sham Chun continuano la rivoluzione aperta dalle donne coi piedi fasciati, e maturata attraverso le tappe che molti comunisti cinesi preferiscono oggi ignorare. Alludo all'avvento della Repubblica, nel 1911, quando fu ammessa l'uguaglianza giuridica dei sessi; al movimento del 4 maggio 1919 quando, subito dopo la conferenza di Versailles, le studentesse si rovesciarono insieme agli studenti nelle strade; alla prima ammissione delle ragazze nell'Università di Pechino ed alla istituzione delle classi miste in tutte le scuole, sempre nel 1919; alla rivoluzione nazionale del 1926 quando sia il Kuomintang che il Partito comunista reclutarono donne; alla promulgazione della legge che pareggiava i diritti dei maschi e delle femmine nelle cause di eredità; infine alla moda delle sale da ballo, dei tacchi alti, delle calze di seta, dei reggipetti normali, del vestito che si chiama *cheongsam*.

In Cina il rispetto per la donna, la tenerezza per il sesso femminile, la considerazione per il lavoro femminile, erano fino a venti anni fa sentimenti sconosciuti. Gli uomini le superarono sempre in ogni mestiere, compresi quelli femminili: non bisogna dimenticare che i migliori sarti e i migliori cuochi, in Cina, furono sempre uomini; non donne. L'avvilimento che ne seguì fu sempre completo: «Nulla è più urtante per un cinese che veder collocare una statua di donna nel porto di New York» scriveva nel 1940 lo scrittore Lin Yutang. «E quando il cinese apprende che quella statua di donna non rappresenta la femminilità bensì l'idea di libertà, ne è ancora più urtato. Inoltre lo urta pensare che, per gli Occidentali, la Vittoria, la Pace, la Giustizia siano rappresentate da corpi di donne.» Allo stesso tempo, le donne cinesi non furono mai femminucce deboli e rassegnate come le mussulmane: furono sempre donne forti, orgogliose, use a sopportare dolori e fatica, capaci di autorità. La metamorfosi quindi non poteva non essere paradossale.

Non vi è dubbio: accadono cose incredibili dall'altra parte del ponte dove il ventidue virgola cinque per cento dei deputati son donne, dove tre giudici su dieci son donne, dove i ministri della Salute, della Giustizia, dell'Industria tessile, degli Affari esteri, dell'Interno son donne, dove Madame Sung Ching-ling sostituisce Mao Tse-tung nelle cerimonie pubbliche e nelle decisioni se egli ha il mal di pancia o il raffreddore, dove duemilacinquecento donne insegnano nelle sole scuole e università di Pechino per far dimenticare a sé stesse ed al mondo che, fino a dieci anni fa, non sapevano leggere e scrivere. Vi sono ragazze di quattordici anni, al di là del fiume Sham Chun, che comandano da sindachesse villaggi di seicento persone: alle cinesi moderne non viene insegnato soltanto a «costruire una società socialista» ma anche a «sostenervi una funzione direttiva». Al di là del fiume Sham Chun, le figlie e le nipoti di coloro che venivano seppellite vive se osavano uscire col fidanzato, oggi dirigono con gelidi occhi le gelide organizzazioni che col nome di Comitati di Strada hanno il compito di «controllare il benessere, l'igiene e i litigi familiari dei cittadini». Almeno il quaranta per cento delle donne lavora nell'industria pesante cinese e con salari identici agli uomini. Chiunque venga dal confine sostiene che bisogna vedere la parata della Rivoluzione d'Ottobre per capire quanto siano trasformate le donne: le soldatesse sfilano insieme ai soldati portando sulle gracili spalle mitragliatrici o bazooka ed hanno sul volto la medesima grinta delle soldatesse che a Quemoy combatterono per Chiang Kai-scek.

Certo sono in molti a sostenere che il trapasso non sufficientemente graduato da una condizione di tale schiavitù alla assoluta uguaglianza abbia provocato in alcune squilibri mentali e incertezze. «Il nostro compito principale» dice la signora Chou, presidente della Alleanza Femminile Pancinese «è liberare le donne da un nuovo complesso di inferiorità: quello di non essere all'altezza dei tempi. Chi non ha vissuto questa metamorfosi non può capire il nostro smarrimento, il nostro sollievo e i nostri timori. Come spiegò Mao Tse-tung, una rivoluzione non è un invito a banchetto e per le donne cinesi non vi sono orchidee. Vi sono soltanto brutte medaglie che esse hanno sempre paura di non meritare.»

Il dramma colpisce inevitabilmente le più vecchie: quando il governo cinese aprì la campagna contro l'analfabetismo, gli ostacoli maggiori sorsero con le donne: il settanta per cento delle quali risultò incapace di imparare a memoria i tredicimila segni idiomatici che son necessari per leggere un giornale. Quando la poligamia fu abolita, si dovette evitare l'annullamento automatico dei matrimoni già conclusi: gran parte delle concubine liberate non sarebbero state in grado di viver da sole. Ma la nuova generazione di puritane sa vivere bene da sola e in tale solitudine molte diventano donne autorevoli: alimentando un matriarcato sociale che assomiglia a quello degli Stati Uniti d'America. Direttrici di azienda, di ospedali, di scuole di guerra costituiscono il virus matriarcale il cui contagio attraversa il ponte sul fiume Sham Chun dilagando fino ad Hong Kong. Il proprietario e direttore del giornale più venduto di Hong Kong, l'«Hong Kong Standard», che si stampa in due edizioni inglesi ed una cinese, il potente personaggio che fa da solo l'opinione pubblica di cinque milioni di cinesi è una donna: Aw Sian.

* * *

Il modo in cui conobbi Aw Sian è singolare: per via di una parrucca. Stavo in albergo quando il titolare della rubrica femminile dell'«Hong Kong Standard» telefonò per fare un articolo sulla onorevole giornalista che scriveva sulle donne nel mondo. La cosa mi stupì un pochino giacché non ho mai creduto che una giornalista più o meno onorevole possa diventare materia di un onorevole articolo sopra un onorevole giornale ma, come avrei notato in Giappone, certe interviste usano molto in Estremo Oriente. Così gli dissi di venire e lui venne, insieme a un fotografo, chiedendomi subito quali fossero le donne nel mondo che m'erano piaciute di più.

La domanda non mi era nuova: in tutti i paesi me l'avevano fatta con l'aria di aspettarsi una risposta sincera, sapevo ormai come rispondere. E allo stesso modo in cui avevo detto in India che preferivo le indiane, in Pakistan che preferivo le pakistane, e in Giappone avrei detto che preferivo le giapponesi, risposi che su tutte preferivo le donne cinesi. La qual cosa lo rese felice e provocò una mitragliata di domande ancora più inutili: quanti anni avevo, quante sigarette fumavo, quante parole scrivevo, a macchina o a mano. Era costui un cronista molto pignolo e faceva un gran caldo: la parrucca che avevo messo per nascondere i miei capelli in disordine diventava sempre più pesa. D'un tratto me la levai e la buttai distrattamente in un cassetto, continuando il discorso. Nello stesso momento il flash del fotografo mi abbagliò e il cronista balzò in piedi, impaurito.

«Cos'è?»

«Una parrucca.»

«Perché porta la parrucca se ha già i capelli?»

«Perché mi piace e mi fa sembrar pettinata.»

«Incredibile!»

L'indomani, sollecitata dall'ignobile punta di vanità che si cela nei peggiori di noi, comprai l'«Hong Kong Standard» e le mie fotografie, con la parrucca e senza parrucca, occupavano un quarto di pagina sotto un titolo a quattro colonne: «*Oriana, a living paradox*». Mi accinsi, travolta dalla lusinga, a leggere cosa vi fosse di straordinario in me stessa e così seppi che lo straordinario non consisteva in ciò che avevo detto, ma nel fatto che portassi una parrucca: «Per evitare di lavarmi i capelli, operazione che detestavo».

Certo, se fossi stata una giornalista onorevole, avrei ripensato alle inesattezze scritte nei miei articoli a spese degli altri; e non avrei protestato. Ma, non essendolo, l'inesattezza mi infastidì fino alla collera e telefonai alla segretaria del direttore chiedendo un incontro con lui. Ora guardate quanto poco basta per diventar popolari: una fotografia sul giornale, un titolo a sensazione perché un imbecille racconta che i vostri capelli son sudici, e tutte le porte vi si spalancano nel giro di pochi minuti. Non c'è niente di più difficile a Hong Kong che ottenere un appuntamento col direttore dell'«Hong Kong Standard». Ma appena dissi il mio nome la segretaria rispose che Aw Sian sarebbe stata felice di vedermi: quando avessi voluto. Ignoravo, naturalmente, che Aw Sian è un nome di donna: la grafia cinese mi è sconosciuta, ed «editor» in inglese è un vocabolo neutro. Così corsi dal parrucchiere e subito dopo, esibendo la più linda messa in piega d'Oriente, bussai all'ufficio di Aw Sian.

Aw Sian sedeva tra pile di fogli, libri, giornali, ed era una donnina di nemmeno trent'anni, col gracile corpo racchiuso in un *cheongsam* bluette e la medesima aria severa delle commesse impiegate alla libreria comunista. Assomigliava a una zitella senza speranza e la sua voce ricordava il pigolio di un pulcino mentre parlava al telefono, ma i suoi ordini erano così autoritari che di colpo dimenticai la ragione per cui ero venuta e trasformai la protesta in una intervista. No, disse Aw Sian, non le pesava per niente il fatto d'essere donna e di comandare cinquanta persone. «Quando mio padre, Aw Boon Haw Tiger detto anche la Grande Tigre, morì, la responsabilità di ereditare un triplo giornale mi fece spavento. Così mi recai in America e per sei mesi rimasi a New York a far pratica di giornalismo. Poi andai in Germania e per altri sei mesi rimasi a Monaco per studiare ogni nuovo tipo di macchina ed acquistare rotative dell'ultimo modello. Infine, quando mi parve di saperne abbastanza, tornai a casa. Il lavoro è duro ma non potrei vivere senza far nulla. Io non sono di quelle capitaliste che perdono tempo sulla Costa Azzurra. Amo rendermi utile. Sì, ho assunto molte donne in redazione: sono lontani i tempi in cui Confucio diceva che l'ignoranza è nelle donne prova di profonda virtù. Ormai il nostro mondo non finisce sulle soglie di casa.» Poi Aw Sian mi chiese se volevo conoscere l'Illustre Madre della Famiglia e l'onorevole nipotina che un giorno avrebbe ereditato il giornale. E l'indomani andai alla sua casa che è la casa più fastosa di Hong Kong: con le porte di argento massicce e le pareti incrostate di giada, costruita dalla Grande Tigre in stile tipicamente cinese.

Tan Kyi Kyi, l'Illustre Madre della Famiglia, aspettava in

mezzo al salone insieme alla nipotina in camicia a scacchi e blue jeans, ed era una vegliarda bianca come una statua di cera, coperta di giade come un ex voto, coi piedi piccoli che qualche costoso chirurgo era riuscito a raddrizzare per infilarli in un normale paio di scarpe. Camminava infatti con un misterioso passo un po' saltellante e, accanto ai suoi, i piedi di Aw Sian, misura trentasette, sembravano enormi. Sembravano enormi anche i piedini della nipote, calzati in un paio di scarpette da tennis. Tuttavia si capiva, vedendola, che la vera padrona di casa era lei: custode delle tradizioni e della rispettabilità familiare. A ogni sua parola, Aw Sian e la nipote chinavan la testa come se avesse parlato un oracolo, e quando mi fece visitare le stanze mi fu chiaro perché Han Suyin mi aveva raccomandato di non pensare alle differenze politiche quando osservavo le donne da una parte e dall'altra del fiume. Aw Sian, la donna più importante di Hong Kong, dorme nella medesima stanza dell'Illustre Madre della Famiglia, che in tal modo può sorvegliare il suo sonno, la sua virtù e le sue telefonate notturne.

«Non ha mai pensato» chiesi a Aw Sian «a vivere sola o perlomeno a dormire in un'altra camera?»

«Oh, no!» rispose con orrore Aw Sian. «Le sembrerebbe corretto?»

C'erano vestiti europei dentro l'armadio di Aw Sian e nel giardino c'era un'auto da corsa, scoperta, che Aw Sian guidava da sé. Se volevo, disse Aw Sian con l'aria di voler cambiare discorso, poteva riaccompagnarmi in città. Così scendemmo di nuovo nel salone e l'Illustre Madre della Famiglia sedeva in mezzo alla sua collezione di giade e al suo intramontabile potere di vecchia affinché le rendessimo omaggio.

«Illustre Madre» disse Aw Sian chinandosi a baciarle la mano. «Con il Vostro consenso accompagno l'onorevole ospite fino al ferry-boat.» Tan Kyi Kyi mosse appena la testa, con degnazione, mentre i suoi occhi restavano fermi, sprezzanti. Rimasero fermi anche gli orecchini a pendaglio, tanto impercettibile fu quel movimento. Ma certo qualche muscolo dovette tirarsi quando l'auto di Aw Sian partì, con un rombo.

Dalla stanza della nipotina in camicia a scacchi e blue jeans veniva un rumore di rock and roll e ci seguì fino al cancello. Aw Sian sorrideva di un misterioso sorriso guidando con gesti decisi. L'aria era dolce, un vento tepido ci accarezzava le guance. «Ho intenzione di applicare un piano quinquennale per lo sviluppo dello "Standard"» disse Aw Sian. «Voglio che nel 1965 la tiratura sia triplicata. Forse assumerò altre donne, sono più svelte.»

«Perché non si sposa?» esclamai.

«Non ho tempo» rispose. «Ad Hong Kong gli uomini sono talmente arretrati. Pretendono che la moglie stia in casa e non si interessi di niente fuorché del marito. In quel senso i comunisti cinesi hanno fatto un gran passo: non perdono tempo dietro l'amore. L'amore è un hobby da pigri. No, grazie, non fumo.»

* * *

Fu l'ultimo incontro di Hong Kong. A mezzanotte saremmo partiti per la nostra penultima tappa, il Giappone. Così io e Duilio ci regalammo quel pomeriggio a spendere soldi in inutili cose come bacchette per il riso, statuine di Buddha, carta da lettere su cui non avremmo mai avuto il coraggio di scrivere una lettera: con quei fiorellini dipinti e le farfalle applicate. Hong Kong è porto franco, tutto vi costa un terzo che altrove. Per tremila lire italiane più quattromila di stoffa, un sarto mi cucì in poche ore un *cheongsam* che non sarei mai riuscita a indossare poiché mi vergognavo degli spacchi lungo le gambe e il colletto foderato di crine era scomodo, duro: quasi non fossi condizionata a rizzare il collo in quell'atteggiamento di orgoglio. Per seimila lire italiane Duilio comprò una collana di turchesi, fabbricata a Shanghai, che avrebbe regalato alla prima ragazza disposta a condividere la sua opinione che l'uomo non è fatto di legno. Quando l'aereo partì, dentro il buio, Duilio mi confessò la sua delusione: non aveva avuto neppure una avventura ad Hong Kong.

«Cos'è questa storia che ad Hong Kong è così facile? Tu consideri tante faccende e non ti preoccupi della più importante» diceva col lamento nel naso. «Un europeo che viene in Oriente finisce per far concorrenza ad un monaco se non gli piace andar pei bordelli. Ecco qui il risultato più serio della tua inchiesta sulle donne. A Karachi, nemmeno a parlarne. In India, l'unico che m'abbia fatto l'occhietto era un ermafrodita. A Singapore, hai visto da te. A Hong Kong ci speravo. E invece chi trovi? Le taxi-girls, o le prostitute che ti chiama il portiere d'albergo. Lo sai che ti dico? Queste orientali mi stanno antipatiche.»

«Sta' buono, Duilio. A Tokio andrà meglio» rispondevo ridendo. «E poi c'è Honolulu.»

«Macché. È uguale dappertutto. Macché. Lo sai che ti dico? Non vedo l'ora di arrivare a New York. Conosco una certa ragazza, laggiù. Magari la sposo.»

«Magari ti sposi in Giappone. Lo sai come dice il proverbio? L'uomo fortunato vive in una casa americana, mangia cibo cinese ed ha una moglie giapponese.»

Era un proverbio che avevo sentito ripetere un po' dappertutto, prima di giungere a Tokio, da uomini di ogni razza e paese. E durante il volo continuò a rimbalzarmi dentro gli orecchi quasi mi trovassi afflitta, nei riguardi delle donne giapponesi, da ciò che uno psicanalista giudicherebbe «complesso acuto di inferiorità». Che ora, grazie a Dio, non ho più.

V

Non si capiscono le giapponesi se non si capisce Tokio. A colpo d'occhio, Tokio sembra una qualsiasi città occidentale: con le sue strade spaziose, i suoi grattacieli, il rincorrersi folle dei tranvai e delle automobili, e perfino la copia esatta della Torre Eiffel che si alza, dodici metri più alta della autentica Torre Eiffel, vicino al recinto del palazzo imperiale. Le case sono in cemento armato, i grandi magazzini hanno le scale rotanti, le insegne reclamizzano nomi europei, l'aria è grigia per via delle fabbriche, i clacson feriscono i timpani, la gente va in fretta: l'impressione è quella d'essere a Berlino o a Chicago. L'unica cosa che la distingue da Berlino e Chicago è che le sue strade non hanno nome e le sue case non hanno numero: quando si deve andare in un posto, non ci danno l'indirizzo come in qualsiasi altro paese. Ci danno il nome del quartiere e una cartina topografica dove il posto è segnato con una crocetta e la via da percorrere con un tratteggio: sicché non ho mai capito come facciano i postini a cavarsela. In tutta Tokio, città di otto milioni di abitanti, solo due strade hanno un nome: la Ginza che è l'arteria principale, larga e lunga come gli Champs Elysées, e la Quinta Avenue che durante l'occupazione fu chiamata così dagli americani i quali ci diventavano matti. A parte questo inconveniente di cui i giapponesi si vergognano un poco ma che non hanno mai pensato ad abolire,

Tokio è la capitale più moderna che si possa vedere in Estremo Oriente: priva di qualsiasi mistero o fantasia. Di giorno, Tokio è brutta.

La sera, però, Tokio diventa bellissima: carica di sconcertanti sorprese e di grazia. I rumori si spengono, le scale rotanti si fermano, la gente smette di correre, la Ginza si accende come una striscia di fuoco illuminando minuscoli vicoli che non immaginavate neppure esistessero, e in quei vicoli le case sono di legno e di carta, fragili come aquiloni, su ogni porta c'è una lanterna rossa verde o blu che dondola facendo tintinnare triangolini di latta. Scoprite osterie che non contengono più di sei o sette persone, piccole come lo scompartimento di un treno, e qui una ostessa in chimono vi offre il sake caldo dentro tazzine da bambola mentre una suonatrice di shemisen vi canta con monotona voce una canzone d'amore. Scoprite anche ristoranti assurdi e gentili dove si entra ovviamente dopo essersi tolti le scarpe e si siede accucciati sopra i ginocchi, dinanzi a una tavola bassa con una pietra arroventata nel mezzo: per arrostirci la carne, le melanzane, le mele, tutto tagliato a fettine non più larghe di un dito. Qui ogni cliente o gruppo di clienti può avere la sua stanza privata dove l'unico mobile è quella tavola bassa, e quando si è dentro la porta scorrevole si chiude: affinché nessun rumore o sguardo disturbi. Dopo un po' si riapre, in un fruscìo di carta appena pestata, e la cameriera in chimono è lì, inginocchiata per terra, che regge un vassoio con il vostro menu. Si alza, cammina a piccoli passi come se temesse di darvi fastidio, raggiunge la tavola, si inginocchia di nuovo, cuoce con gesti veloci i pezzettini di carne, ve li porge supplicandovi di avere appetito, finché avete la sensazione d'essere a casa, fanciulli, con la mamma che vi sta imboccando e si preoccupa che vi nutriate abbastanza onde cresciate belli e robusti. Perfino il suo modo di sorridere, con gli occhi socchiusi e le labbra increspate, vi ricorda quello della mamma.

Uscite con la testa confusa, una strana tenerezza che subito dopo si spegne. Nelle strade dove i night-club si chiamano Le Soir, Moulin Rouge, Bel Ami, ragazze petulanti e graziose vi invitano a guardar lo strip-tease, e le loro colleghe che lentamente si spogliano fino a mostrare ogni centimetro dei corpi rotondi sono pettinate come Brigitte Bardot. Se ci parlate, nel camerino, vi confesseranno che la loro aspirazione più forte è tuttavia assomigliare ad un'altra francese che si chiama Pascale Petit. Infatti il complimento più bello è esser chiamate transistor-baby, il nome della radio tascabile. Negli snack-bar che assomigliano tanto agli snack-bar di Berlino o Chicago, le adolescenti coi capelli legati a coda di cavallo, la camicia a scacchi e i blue jeans con le borchie di Toro Seduto infilano monetine da dieci yen dentro i juke-box per ascoltare Frank Sinatra che canta *The lady is a Tramp*. E sono le stesse che, più tardi, vanno a farsi predire il futuro dalle indovine chiuse in scatole rosse lungo i canali illuminati dalle candele.

È difficile capire Tokio come è difficile capire le giapponesi. Durante le prime ventiquattr'ore trascorse a Tokio io passai attraverso tutti gli stati d'animo per cui può passare un'europea impreparata: delusione, esaltazione, rabbia, meraviglia, curiosità. Quando tornai in albergo per ricapitolare le idee dinanzi a un ennesimo sake dovetti concludere che non avevo capito un bel niente. Chas June, un giovane scrittore coreano che vive da dieci anni in Giappone e per tutta la sera mi aveva fatto da guida, era con me, e il suo volto giallo e angoloso, dai bei denti a scoiattolo e i dolci occhi a mandorla, esprimeva una divertita ironia. Qualche anno fa, quando aveva accompagnato Truman Capote, mi disse, era stato testimone dello stesso smarrimento.

«Non è smarrimento, Chas. È confusione. La donna del ristorante era tanto diversa dalla ragazza dello strip tease. La ragazza dello strip tease era tanto diversa dalla bambina in blue jeans.»

«Oh, no» disse Chas. «In fondo sono tutte uguali, vedrai. Solo che hanno due facce, come questa città.»

La cameriera del bar aveva portato il sake. Cominciò a versarlo, come se fosse olio santo, nelle tazzine. E intanto cinguettava misteriose parole guardandomi con aria estasiata.

«Cosa dice, Chas?»

«Dice che assomigli a Deborah Kerr.»

«Sant'Iddio! È impazzita?»

«Dice che assomigli anche a Marilyn Monroe.»

«Falla smettere, Chas!»

«E dice che io assomiglio a Marlon Brando.»

«Senti, Chas. Cosa vuole?»

«Nulla. Vuol farci piacere. Sono donne cortesi, non sai?» Aspettò che la cameriera avesse esaurito la lista dei complimenti, poi ebbe un gesto di noia, come se scacciasse una mosca. «Tanto cortesi. Ti mandano al manicomio in nome della cortesia. Una volta ebbi una storia con una ragazza di Tokio e fui chiaro nel dirle che non intendevo sposarla: ma lei era tanto cortese che venne ugualmente ad abitare nella mia casa sul mare.» Rabbrividì, quasi il ricordo lo turbasse moltissimo. «A quel tempo volevo scrivere un libro e avevo bisogno di pace: ma la ragazza era tanto cortese, pensai che non mi avrebbe dato fastidio. Bene: non scrissi quel libro. Non appena mi chiudevo nello studio lei entrava, tutta inchini e sorrisi, e mi chiedeva se volessi una tazza di tè. No, dicevo, grazie: sto scrivendo, non voglio nessuna tazza di tè. Allora lei se ne andava e dopo un poco tornava per chiedermi se volevo mangiare un dolcino. No, dicevo, grazie: sto scrivendo, non voglio mangiare un dolcino. Allora lei se ne andava e dopo un poco tornava e mi chiedeva se volevo fare l'amore. No, dicevo, grazie: sto scrivendo, non voglio fare l'amore. Allora lei se ne andava e i suoi singhiozzi mi toglievano tutte le idee, così le andavo vicino e mi toccava bere la tazza di tè, mangiare il dolcino, fare l'amore. Uno strazio.»

«E come finì?»

«Cortesemente. Quando le dissi che m'ero stancato, tentò di ammazzarmi.»

«Sai, Chas. Non succede soltanto in Giappone.»

«Già. Succede "anche" in Giappone. È questo che non volete capire.»

Chas è un orientale di cultura europea: non per nulla ha vissuto a Roma, a Londra e a Parigi, ritenendo tuttavia che l'unico posto per abitare siano I Tatti, la villa di Berenson a Firenze. Così non prendevo molto sul serio i suoi discorsi. Il fatto che gli fosse capitata una femmina tanto cortese non bastava ad alleviarmi il complesso di inferiorità che provavo per le giapponesi. Malgrado la confusione che regnava nel mio cervello, le giapponesi erano ancora, per me, come le descrive l'*Enciclopedia Britannica* alla lettera G, «Creature impregnate di docilità e di obbedienza, inattaccabili dalla stupidaggine dei vizi moderni, sublimi nel sacrificio, femminili come nessun'altra femmina sulla crosta terrestre», e come le immagina il viaggiatore romantico che, in Giappone, vede solo gheisce, gigantesche statue di Buddha e fiori di pesco.

Il viaggiatore romantico vede solo ciò che desidera o era preparato a vedere. Si offenderebbe molto, perciò, se confessassi che gli alberi di pesco lungo la Ginza hanno tronchi di plastica e fiori di cellophan, che le gheisce sono riunite in sindacato, che al posto di molte statue di Buddha, distrutte dai bombardamenti, sorgono ora fabbriche di macchine fotografiche, che l'*Enciclopedia Britannica* può anche sbagliare. O meglio: essere poco aggiornata. Nei giorni che seguirono quell'incontro sconcertante con Tokio mi capitarono infatti molte cose capaci di indurmi al sospetto che Chas non avesse parlato a casaccio. Spesso, leggendo l'edizione inglese del giornale «Mainichi», scorrevo la rubrica delle lettere al direttore e ci trovavo lettere di questo genere: «È una vergogna. Le ragazze d'oggi ridono in tram e se vedono un uomo in piedi non si alzano nemmeno per cedergli il posto». Oppure: «È un'indecenza. Camminavo lungo la Ginza e una fanciulla in chimono m'ha offerto di comprare i suoi fiori. Ho rifiutato e m'ha strappato una manica della giacchetta». Oppure: «I nostri uomini si credono padreterni. Ma io li giudico sessualmente inadeguati. Non trova che a letto dovrebbero compiacere anche noi donne?».

Mi capitavano anche notizie più adatte alla Svezia o all'America che al Giappone da me immaginato. Le *mambo garu* (cioè mambo-girls: così chiamano i giapponesi le adolescenti in blue jeans) avevano preso l'abitudine di passare il week-end coi loro coetanei sulla spiaggia di Izu o nei boschi di Karuizawa dove dormivano in promiscuità. L'ufficio della polizia metropolitana aveva reclutato, a causa loro, cinquantun donne-poliziotto. E il professor Michio Takeyama, dell'Università di Tokio, scriveva in un addolorato discorso: «Ciò che caratterizza maggiormente questa nostra era di confusione sono le giovani del mambo-clan. La loro apatia nichilista ci mette spavento». Quanto alle transistor-babies, ecco, il professore diceva che a loro si dovesse la moda del *western kiss*, il bacio occidentale.

Chas, che evidentemente non predilige le giapponesi, esprimeva una gioia maligna nel procurarmi interviste con gente che sembrava pagata apposta per deludermi. Mi portò dal dottor Umezawa, direttore del reparto chirurgia estetica del Jujin Hospital, e costui mi spiegò come il quaranta per cento delle ragazze che lavorano spendessero quasi tutti i loro guadagni per modificare le caratteristiche asiatiche. Certo sapevo che la gran moda era la trasformazione degli occhi a mandorla in occhi occidentali: quest'intervento costava ventimila lire italiane e durava cinquanta minuti. Un'altra moda era avere un bel seno fiorente che rendesse inutile l'uso del reggipetto: così le ragazze dal seno minuscolo e quasi schiacciato si facevano iniettare con l'ago ipodermico una dolorosa pasta di plastica: questo costava appena diecimila lire italiane. Poi Chas mi portò da una parrucchiera qualsiasi, Aiko Yamano, e costei mi raccontò che l'acqua ossigenata va via come lo shampoo: quattro donne su dieci, a Tokio, si decolorano i capelli in castano dorato o rosso tiziano. «Naturalmente li decolorano un poco per volta affinché i mariti non se ne accorgano e finiscano con l'abituarvisi.» Io guardavo quei volti color del limone, incorniciati da quegli assurdi capelli biondo stoppa e rosso carota, poi quei corpi infagottati negli assurdi vestiti europei, e riprovavo la confusione che per Chas è smarrimento.

Il cinquanta per cento delle giapponesi, soprattutto a Tokio, si veste all'europea: un buon chimono non costa meno di diecimila yen (pari a ventimila lire italiane), mentre un tailleur ne costa appena cinquemila: fabbricato in serie, s'intende. Nei grandi magazzini di Tokio, solo in due o tre reparti si vendono gli antichi chimoni: il resto è attrezzato per la vendita di camicette, sottane, scarpe col tacco. Ma se in chimono esse appaiono fragili bambole senza fianchi né petto, deliziosamente curve sotto il fiocco dell'*obi* e senza difesa, dal vestito europeo esce un'altra giapponese: robusta e spavalda, con fianchi larghi e polpacci massicci, braccia che sanno difendersi. E se i sandali che chiamano *zori* le costringono a camminare con brevi passi esitanti, quando calzano le nostre scarpe col tacco camminano svelte e allora anche il volto assume un'espressione diversa, spavalda; dalle labbra già mute si rovescia un torrente di frasi. Sono belle le giapponesi in chimono, come Tokio di notte. Ma col tailleur diventano brutte, come Tokio di giorno. E parlano troppo: come i clacson lungo le strade asfaltate. «L'abito europeo induce alle chiacchiere» scrisse un giorno all'«Asahi» la vecchia signora Akiko Yamada: «Bisogna ristabilire la melanconia del chimono. Non si può essere una buona *okamisan* con le gambe scoperte». *Okamisan* significa, in giapponese, dea della casa. E i mariti della Nippon Keisai Kai, associazione fondata nel 1956 con lo scopo di chiedere alle mogli l'antico rispetto, protestano: «Oggigiorno, per vivere con una *okamisan* ci vuole il coraggio di un kamikaze». Per kamikaze non si intendono più i piloti suicidi dell'ultima guerra. Si intendono gli autisti dei taxi che si buttano nel traffico infernale di Tokio invocando l'aiuto di Buddha.

Come sono, dunque, le giapponesi del nostro tempo? Me lo chiedevano, figuratevi, perfino in Giappone: quasi che il giudizio di una straniera contribuisse a dissipare ogni dubbio sul proverbio che ha fatto il giro del mondo. E ogni volta che me lo chiedevano io mi trovavo in grave imbarazzo poiché esse non sono davvero come l'*Enciclopedia Britannica* dice. Ma non sono nemmeno come affermano i mariti della Nippon Keisai Kai. L'Occidente, è vero, le ha contagiate più di tutte le altre donne dell'Asia: forse più delle stesse cinesi, perché dalla metamorfosi cruda le cinesi hanno tratto una consapevolezza orgogliosa che le giapponesi non hanno, una maturità dolorosa che le giapponesi dimenticano. Tuttavia, per quante maniche possano venire strappate dalle aggressive fioraie sulla Ginza, per quante cliniche di chirurgia estetica si possano aprire, per quanti vestiti europei si possano vendere, esse rimangono l'espressione più poetica di questo antico, saggio, civile paese dove in ogni casa moderna c'è almeno una stanza di legno con la stuoia di paglia di riso che si può calpestare solo dopo essersi tolti le scarpe, dove le ferrovie più veloci d'Oriente celebrano gli anniversari regalando ai viaggiatori una gabbia col canarino, e dove la gente con l'infreddatura è tanto educata da portare sul naso o la bocca una mascherina di garza che impedisce di diffonder bacilli.

Sicché, quando devo rispondere a quella domanda difficile, io non penso alle transistor babies, e nemmeno alle gheisce che avrei visto a Kyoto, e nemmeno alle interpreti di *shiro-shiro* che avrei visto in un lurido bordello del quartiere di Yoshihara. Penso a una ventunenne il cui padre discende dal Sole e il cui marito è impiegato di banca, il cui guardaroba contiene chimoni da museo e la cui toilette preferita è una sottana e un golfino, il cui divertimento preferito è ballare rock and roll e la cui prima preoccupazione mettendo su casa fu quella di legger due libri: *Come pulire intelligentemente una stanza* e *L'arte della buona cucina*. Voglio dire la principessa Suga, quartogenita dell'imperatore, come la vidi il giorno in cui andò sposa al signor Hisanaga Shimazu, con stipendio di quarantamila yen mensili, assegni familiari compresi.

* * *

Passò prima l'imperatore che era un signore piccolo e grigio con gli occhiali ed il frac, poi l'imperatrice che era una signora minuscola e tonda con un gran crisantemo ricamato sopra il chimono e la frangetta come Mamie Eisenhower, poi passò il principe ereditario Akihito che era quel giovanotto smilzo, dall'aria furbastra, già visto a Roma in via Condotti; poi i familiari, i dignitari, i ministri, la solita gente che c'è nei cortei più o meno regali. E infine apparve Suga che indossava un chimono di pesante seta nera e arancione, coi bordi corrosi dal tempo. Infatti era vecchio di millecentosettantasei anni, dell'era Heian, mi disse Chas.

Lungo il corridoio che conduce alla sala dei riti, nel palazzo del Korinkaku, potevo vedere benissimo Suga, il cui volto era spalmato di candida lacca, con la bocca d'un rosso scurissimo e le sopracciglia nere, crudeli: come le maschere del teatro Kabuki. Sulla testa, Suga portava una immensa parrucca a bande rigonfie, sormontata da un rotolo bianco di carta che era il simbolico schermo dietro il quale la sposa nipponica dovrebbe nascondere le corna che le farà il marito. Ma ciò che faceva impressione non era l'abbigliamento fiabesco. Era il fastidio che stagnava in quegli occhi scuri, la smorfia di noia che piegava quelle labbra sdegnose, la scarsa abilità con cui quelle gambe abituate al gioco del tennis trascinavano gli *zori* di legno. Da migliaia di anni le spose della casa imperiale s'eran vestite a quel modo ma lei, disse Chas, aveva accettato soltanto per contentare suo padre e dopo una furibonda polemica durante la quale aveva urlato il diritto a sposarsi con l'abito bianco, il velo di tulle, i fiori d'arancio: come s'usa in Europa. Entrò nella sala dei riti, dove nessun occhio profano poteva guardare, con l'aria di chi ha subìto un abuso o un dispetto, e avrei giurato che diceva parolacce tra i denti.

Restammo ad aspettarla nel giardino dove avrebbe concesso la conferenza stampa a un centinaio tra giornalisti, operatori televisivi e fotografi. E quando un'ora dopo comparve a fianco del signor Hisanaga Shimazu, parrucca *zori* e chimono eran già stati riposti negli armadi imperiali. Al posto dell'irritata apparizione di prima stava una sorridente ragazza europea con le scarpe dal tacco alto dieci centimetri, le calze di nylon, un abito corto fino al ginocchio, scollato, stretto alla vita, i riccioli fermati da un fiocco di velluto e di fiori: identico a quello che le americane comprano per cinque dollari da Bloomingdale's. Il signor Hisanaga Shimazu, che era un tipo qualsiasi con i denti gialli e la faccia rotonda, se ne stava tutto solo, poverino, a custodire le tradizioni. Rigido come una statua di cera, non osava nemmeno spostar le pupille dietro gli occhiali. Suga invece rideva. Sul suo volto lavato trionfava il sollievo, la vanità d'essere al centro di tanta attenzione, e quando mi avvicinai un poco troppo indignando il maestro del protocollo, mi strizzò un occhio. Come a dire che facessi pure il mio comodo, quello era uno scocciatore.

Ho assistito a tante conferenze stampa da quando mi occupo, per la curiosità altrui, delle faccende degli altri. E di solito le conferenze stampa sono inutili, sciocche e noiose. I protagonisti recitano una parte studiata o ripetono battute imparate a memoria e non dimostrano mai nulla fuorché il fatto d'averci infastidito. Ma questa fu illuminante. Per capire quanto fu illuminante, bisogna pensare che la ventunenne col fiocco di Bloomingdale's riassumeva almeno teoricamente quel proverbio dinanzi al quale qualsiasi donna con un po' di buonsenso sente un complesso di inferiorità: la definizione dell'*Enciclopedia Britannica*, il costume di secoli, una razza di donne abituate al silenzio, all'umiltà, alla modestia.

Chiesero a Suga: «Sua Altezza chiamerà suo marito Vostro Onore, come vuole la tradizione, o semplicemente Hisanaga?». Rispose: «Come ti chiamerò, Hisanaga? Vostro Onore o Hisanaga?».

Chiesero: «Chi aprirà per primo la busta paga del signor Shimazu: Sua Altezza o il signor Shimazu?». Rispose: «Farà bene ad aprirla lui, io ho le mani bucate. Ma sapete che litigi. Litighiamo di già».

Chiesero: «Come ha conosciuto, Sua Altezza, il signor

Shimazu? Certo non si tratta di un matrimonio arrangiato».
Rispose: «Su un campo da tennis. Avevo sete e lui mi offrì una coca-cola».

Ma quando le chiesero cosa provasse ad abbandonare il fasto di una famiglia imperiale per trasformarsi in una qualsiasi signora borghese, disse misurando bene le parole: «Ciò che provo non include rimpianto per ciò che lascio, solo preoccupazione per ciò che mi aspetta. Io so ben poco su come si manda avanti una casa e mi auguro di accontentar mio marito».

Restammo tutti stupiti: la disinvoltura quasi cinica di prima non preludeva a una tale saggezza. E Suga aveva l'aria di non ricordare che la casa a due piani dove avrebbe abitato come signora Shimazu era un dono dell'imperatore suo padre e che la sua dote, ammontante a vertiginosi milioni di yen, rappresentava per lo squattrinato Hisanaga una specie di vincita al Totocalcio. La casa, la dote, lei stessa appartenevano ormai a quel bambolotto di cera. E non v'era rock and roll, non v'era vestito europeo che le impedisse la devozione dovuta al marito. Quando la conferenza stampa ebbe fine, Suga non osò nemmeno alzarsi per prima e preceder lo sposo come il suo rango le permetteva. Aspettò che lui si alzasse, gli camminò accanto e, dinanzi alla porta del palazzo, fece un brusco passo all'indietro perché lui la precedesse. Così mi sorprese sapere che al ricevimento del pomeriggio Suga aveva preteso di tagliare da sé la torta a sei piani: anziché farla tagliare al marito secondo l'usanza che qualsiasi *mambo garu* rispetta.

La fotografia era su ogni giornale e la vidi mentre andavo da Sua Altezza Setzuko Chichibù, zia di Suga e cognata dell'imperatore, che mi aspettava nella sua villa dentro il recinto della residenza imperiale. Setzuko passava per la donna più tradizionalista del Giappone: chissà come avrebbe giudicato quel gesto. Senza dubbio malissimo, decisi vedendola. Tutto in lei raccontava una grazia antica e ignara di ribellioni: la soffice voce che si spegne in bisbiglio, i piedi infilati nei bianchi calzini, i gonfi occhi privi di ciglia, le guance di porcellana che ammiravamo sulle stampe giapponesi appese nei nostri salotti: quando il Giappone ci sembrava una terra misteriosa e lontana.

La villa era una piccola casa di legno ricostruita, come quella del Tenno, al posto della splendida reggia bruciata durante la guerra dagli spezzoni incendiari. La stanza era una piccola stanza arredata all'europea, con l'apparecchio della TV. Giungeva dal parco un profumo di resina, il vento piegando gli alberi nani sembrava minacciare quelle pareti di carta, e Setzuko era sola a testimoniare col suo chimono una grandezza passata: più patetica, certo, di quanto m'era apparsa la maharani di Jaipur, altra vittima di un mondo che cambia. «Oh, sì. Ciascuno di noi è un poco morto in quel rogo» diceva in inglese. «Ci siamo dimenticati ciò che eravamo e non lo ricorderemo mai più.» E poi mi mostrava le poche cose ritrovate nella cenere calda: lo spillo dell'*obi* che aveva indossato sposando il fratello dell'imperatore, l'astuccio d'ebano coi nomi dei defunti, il suo diario di sposa sottomessa e paziente.

Sul tavolo, vicino alle tazze dove fumava il tè verde, c'era il giornale con la fotografia di Suga che tagliava il dolce a sei piani. La interrogai con lo sguardo. Capì. Rispose: «Sì, immagino cosa le avranno detto di me. Ma io credo che Suga abbia fatto benissimo a comportarsi così. Sono finiti i tempi in cui le giapponesi rispettavano fino all'assurdo le parole sacrificio e ubbidienza». Poi si alzò, in un frusciare di seta, si appoggiò alla TV, poetica come un acquarello su carta di riso, e la sua voce ebbe un vigore imprevisto mentre diceva: «Scriva, per favore, che sulle rovine delle nostre città distrutte dal fuoco è nata una nuova generazione di donne e che queste donne non sono più un simbolo estetico o un oggetto grazioso, ma individui capaci di decidere il loro destino. Scriva che tutto ciò è successo per via della guerra. Le donne, in Giappone, sono le sole che hanno vinto la guerra».

* * *

Io non so se Sua Altezza Imperiale Setzuko Chichibù abbia vinto la guerra. Anche quando solleva la voce, c'è troppa malinconia nel suo sguardo. Ma le ragazze come Suga l'hanno vinta di certo e la cosa più paradossale è che, a fargliela vincere, è stato proprio il soldato americano più odiato in Giappone: il generale MacArthur. Si usa dire infatti che gli americani abbiano fatto per le giapponesi ciò che i comunisti o, se preferite, i russi hanno fatto per le cinesi: entrambi liberandole da una schiavitù di millenni ed entrambi sfruttando una rivoluzione che maturava, nascosta, da decine di anni. Certo, le giapponesi non ebbero mai i piedi fasciati o la poligamia autorizzata. Ma il *Kaibara Ekken*, o *Gran Libro del Matrimonio*, cita i medesimi pretesti che cita Confucio per autorizzare un uomo al divorzio: disubbidienza, sterilità, gelosia, pettegolezzo. Come in Cina, anche in Giappone fu praticato per lungo tempo l'infanticidio delle neonate. Come in Cina, ogni donna nipponica doveva rispettare il Sentiero delle Tre Ubbidienze: ubbidienza al padre prima del matrimonio, al marito dopo il matrimonio, al figlio in caso di vedovanza. Come in Cina, le figlie venivano spesso vendute per un sacco di riso ai bordelli: fino al 1957, del resto, la polizia registrò casi del genere nell'isola di Hokkaido. Come in Cina, la percentuale più alta di suicidi veniva registrata fra le donne e l'unica speranza per contare qualcosa era diventare vecchie. Nel 1900, una certa signorina Kageyana che aveva tentato di rivendicare il diritto al lavoro fu arrestata come un criminale. Secondo la legge, ogni attività politica o pubblica era proibita «ai bambini, ai deficienti e alle donne».

Simbolicamente, quel concetto asiatico della inutilità femminile cominciò a svalorizzarsi in Giappone quando un terremoto distrusse il sessanta per cento di Tokio, nel 1923. Sulle rovine della città quasi ridotta a un ammasso di polvere e sassi, si videro allora le donne sostituire come fattorine, autiste, cameriere, impiegate, gli uomini inghiottiti dalla terra e molte indossavano per la prima volta vestiti europei: inviati dall'Occidente coi pacchi-soccorso. Non avevano altro, ed erano comodi. Poi venne la Seconda guerra mondiale e, come in Inghilterra e in Germania, in Giappone fu lanciato lo slogan: «Se il posto degli uomini è al fronte, quello delle donne è nelle fabbriche». Si reclutarono quindi le mitissime mogli che non erano mai uscite di casa senza il marito, si insegnò loro a fabbricare munizioni e cappotti militari, e perfino le gheisce dovettero uscire dalle camere intrise di profumi e belletti per servire più praticamente il paese. Sotto le bombe delle fortezze volanti e poi nell'apocalittico terrore di Hiroshima, queste donne fecero la medesima guerra degli uomini: come in Europa. E quando essi tornarono a casa sconfitti, umiliati, rotti nel corpo e nell'anima, per la prima volta in millenni queste donne scoprirono che i loro uomini non erano poi indistruttibili, né insostituibili. Molti, poi, non tornarono. E al loro posto sbarcarono altri uomini, altissimi e biondi, che masticavano chewing-gum e sputavano addosso la fierezza del vincitore: ma dinanzi alle donne cedevano il passo intimiditi perché venivano da un paese dove da un secolo esse erano le vere padrone. Questi uomini altissimi e biondi si chiamavano GI ed erano gli uomini che i giapponesi piccoli e bruni avevan creduto di poter distruggere come formiche.

Nessuno può dire quel che accadde allora nei cervelli smarriti delle donne in chimono. Ma è sicuro che il generale MacArthur trovò un terreno assai facile per umiliare i maschi di un paese sconfitto. Li aveva già umiliati con la sconfitta. Ora li umiliava con una rivoluzione sociale che imponeva sconosciuti vantaggi alle donne e con l'arrogante dimostrazione di quanto fosse ridicolo continuare a credere in certi tabù. Le ragazze come Suga avevano otto anni quando MacArthur indusse l'imperatore Hirohito a tenere un discorso in cui ammetteva che il concetto della sua divinità era un concetto sbagliato. Ne avevano pochi di più quando, rinunciando al chimono d'oro dentro il quale sedeva come un oracolo, il figlio del Sole uscì per le strade in frac e pantaloni a righine: a dimostrare che era soltanto un uomo piccolo e grigio, con gli occhiali sul naso. Certo, il proconsole della democrazia commetteva lo sgarbo di ricevere l'uomo piccolo e grigio nella sua camera del Dai-Ichi Hotel, ma varava anche una nuova Costituzione dove l'articolo 24 stabiliva che il matrimonio dovesse avere lo stesso significato per uomini e donne, che le donne potessero divorziare allo stesso modo degli uomini, e una ragazza decidere della sua vita senza aspettare i trent'anni. Quell'anno, era il 1946, furono elette ventisei donne al Parlamento giapponese, trecentosessanta nelle assemblee locali. E gli abiti europei invasero i negozi della Ginza. Erano abiti brutti in confronto al chimono: scoprivano quei polpacci massicci, quelle gambe un po' torte dall'abitudine di accucciarsi per terra, quei fianchi un po' larghi. Ma erano gli abiti di una libertà a lungo e silenziosamente agognata: come le uniformi militari delle cinesi. A loro dovettero sembrare bellissimi.

Con quegli abiti esse cominciarono a entrare nei bar, nei

cinematografi, a impiegarsi presso i comandi alleati, a parlare l'inglese, a ballare gli stupidi balli moderni: senza tuttavia rinunciare alla vocina che sembra una cantilena cantata da un bimbo, alla grazia complimentosa, al rispetto millenario per colui che ebbe il gran privilegio di nascere maschio. E così sedussero gli uomini altissimi e biondi che al loro paese avevan lasciato ragazze mille volte più belle di loro. C'è tutta una letteratura sui matrimoni che avvennero tra i GI e le giapponesi, sulle loro storie d'amore ora allegre e ora tragiche, sui GI che impararono a dormir sul tatami e a mangiare con le bacchette. Sembrava che gli americani non avessero mai conosciuto una donna prima di sbarcare in Giappone: le belle ragazze della California e del Nebraska si guardavano i riccioli d'oro, le lunghissime gambe, e si chiedevano che diavolo potevan trovarci i fidanzati fedifraghi in quelle donnine dalle gambe corte, il muso schiacciato, le mani tozze. Ci trovavano, ecco, la devozione delle creature che non avevano mai sparato agli indiani, né guidato automobili. Ci trovavano la dolcezza struggente di entrar nella casa dove la moglie si inchina per salutarti e ti imbocca per farti mangiare.

Durante il primo anno di occupazione ci furono trentacinquemila matrimoni misti nella sola Tokio, quindicimila avvennero a Osaka. Le autorità americane, allarmate, cominciarono a porre il veto all'esportazione di queste spose. Esisteva già il problema negro, perbacco, si voleva aggiungere il problema giallo? In realtà le americane in età da marito rumoreggiavano: era giusto che le loro tasse servissero ad aprire scuole dove si insegnava alle mogli nipponiche come si cuociono le uova col bacon? Molte mogli non si imbarcarono mai per gli Stati Uniti, molte finirono come Madama Butterfly. Ma la loro vittoria morale fu ugualmente schiacciante nei riguardi degli uomini: vinti e vincitori. Forse nacque allora il famoso proverbio che ha fatto il giro del mondo. L'unica cosa da sapere è se l'inventore di quel proverbio lo ritiene valido anche per le mogli giapponesi trapiantate in America. Esistono condizioni ambientali per tutto, anche per la femminilità e la dolcezza. Non poche di quelle seducenti creature divennero, una volta trapiantate nel nostro mondo occidentale, orrende virago.

Al viaggiatore romantico dispiacerà anche sapere che la rivoluzione delle giapponesi si rafforzò, non poeticamente, per via delle pentole elettriche, delle *pinball machines* e degli antifecondativi. Prima della guerra, nessuna giapponese aveva visto una pentola elettrica: il riso, che come in tutta l'Asia è il loro nutrimento principale, si cuoceva in non meno di due ore. Con le pentole elettriche, prezzo tremila yen, le giapponesi scoprirono che il riso poteva cuocersi in pochi minuti e che il tempo libero si poteva trascorrere fuori casa. E, perché no?, davanti alle *pinball machines*, queste inutili macchine inventate a Las Vegas.

Erano state introdotte per i GI subito dopo l'occupazione e, nel giro di pochi mesi, avevano invaso ogni quartiere. Il gioco consiste nell'introdurre una pallina d'acciaio in un buco, azionare una manovella, e spingere la pallina in un altro buco che, se è quello giusto, muove un congegno per cui si rovesciano tante altre palline che possono essere cambiate in denaro. Una roulette dei poveri, insomma. Ogni pallina costa cinquanta yen: se capita di vincere cinquanta palline, sono duemilacinquecento yen: un giorno di paga per un operaio. I giapponesi se ne innamorarono. E cosa accadde quando le deputatesse riuscirono a ottenere la chiusura delle case di tolleranza? Un intero quartiere di Tokio, lo Yoshihara, riempì le casupole che prima ospitavano i peccaminosi tatami con le *pinball machines* che, essendo un gioco innocente, poteva adattarsi anche alle donne. Io le ho viste quando, la sera, giravo per Yoshihara in cerca di un colore perduto. Ed è il ricordo più raggelante che abbia di Tokio e delle sue donne. Per centinaia e centinaia di metri si stendevano, uno accanto all'altro, i saloni da gioco e il rumore delle manovelle feriva gli orecchi come il ronzio di una mostruosa cicala. In piedi, dinanzi alle inutili macchine che sarebbero piaciute a Charlot per il suo *Tempi moderni*, c'erano soltanto le donne: ferme sopra gli *zori* di legno, un bambino addormentato dietro le spalle, e gli occhi che seguivano allucinati lo schizzare del pezzetto di piombo, simbolo della loro libertà.

E poi venne il birth control, qualcosa di inconcepibile in un paese dove i precetti dell'Onna Daigaku imponevano alle donne di partorire anzitutto figlioli. Ma se prima della guerra il comandamento era stato «crescete e moltiplicatevi», dopo la guerra il governo ritenne opportuno ascoltare i consigli demografici del generale MacArthur.

Le giapponesi si familiarizzarono sempre di più con le parole aborto e antifecondativo. Non le ripetevano forse ogni giorno medici e deputati, giornalisti e assistenti sociali, direttori delle cliniche governative dove gettare un bambino costa appena seimila yen, dodicimila lire italiane? Non le stampavano forse i giornali più seri dove, negli annunci pubblicitari, si legge: «Comprate M.D. Birth Controller, costa solo 360 yen, inclusi francobollo e spedizione. Non può esserci una vita familiare armoniosa senza M.D. Controller»?

Contrariamente alle cinesi, le giapponesi non furono mai puritane, schiave di tabù sessuali. L'abitudine di fare il bagno nudi nella medesima vasca, uomini e donne, giovani e vecchi, è una abitudine centenaria: assolutamente in contrasto con l'usanza cinese di nascondere il corpo a chiunque non sia tuo marito. Il comandamento di partorire quanti più figli fosse possibile, non fu mai un comandamento religioso ma una esigenza sociale: dettata dal sogno ambizioso di reggere il mondo. Così non si opposero alla nuova campagna che, oltretutto, dava loro la squisita emozione di sentirsi arbitre di un problema nazionale. Non ebbero bisogno dei comizi, come le indiane. E nel 1957 il governo affermava già, con orgoglio, che la percentuale dei morti era pari alle nascite: ogni venticinque secondi, in Giappone, nasceva un bambino ma ogni ventiquattro secondi moriva qualcuno. «Dobbiamo questo miracolo di stabilizzazione alle nostre donne» dichiarava il ministro della Salute pubblica in un discorso alla radio. «Un terzo di esse si sottopone al controllo. Ciò non accade in nessun'altra parte del mondo.» «Ci sottoponiamo perché ci conviene, non perché ce lo chiedono» rispondeva la scrittrice Toshibumi Nakajima. «Il feudalismo maschile dell'anteguerra è un ricordo, il Giappone vive un'epoca di donne intelligenti e ribelli. Vantiamo trentacinquemila associazioni femministe con un totale di undici milioni e mezzo di iscritte. Quaranta società anonime, nella sola Osaka, sono presiedute da donne. Sei milioni di donne lavorano nelle fabbriche e nove milioni nelle campagne, dove sono soprattutto specialiste in trattori.»

E chi lo nega? Se si esclude il servizio militare, nessun mestiere è proibito alle giapponesi d'oggi. Per esempio, la gran maggioranza dei barbieri son donne: il loro sindacato ne conta centosessantamila. Il sindaco di Ogawa è da otto anni una donna. In Parlamento siedono undici deputatesse. Ma andiamoci piano: quelle undici deputatesse rappresentano solo l'uno virgola quattro per cento dei deputati. Nel 1946 erano ben trentanove, l'otto virgola quattro per cento: quasi che, avendo finalmente provato quanto sia scomodo possedere certi privilegi degli uomini, le giapponesi ne fossero rimaste atterrite e volessero tirarsi indietro.

Come avrei visto nella civile, antichissima Kyoto, un generale americano non basta a cancellare costumi vecchi di secoli, tradizioni ereditate di famiglia in famiglia, i sentimenti che sono sempre più forti della ragione. E anche a Tokio, questa città bifronte, ne ebbi del resto la prova. Un giorno Chas mi fece conoscere due ragazze che avrebbero dovuto esprimere quanto di più anticonformista c'è nel paese e infatti una era attrice, l'altra era ciò che si definisce una *career girl*: critico cinematografico di una catena di giornali importanti, caricaturista, presentatrice alla TV. L'attrice si chiamava Momok Kochi: un nome che, disse Chas, in Giappone era noto quanto da noi quello di Sofia Loren. Di Sofia Loren aveva anche la bellezza aggressiva, non i quattrini: giacché guadagnava non più di ottantamila lire al mese, secondo i saggi stipendi che ottengono i divi in Giappone.

Momok, che da Sofia Loren si distingue anche per una profonda, squisita umiltà, venne a farsi intervistare al mio albergo, ed era una florida ragazza di ventisett'anni, alta un metro e settanta, e tutt'altro che stupida: tantomeno ignorante. Sapeva tutto su Picasso e Modigliani, aveva letto tutti i volumi di Churchill, conosceva perfino la differenza che passa tra Nenni e Saragat poiché la interessava «l'applicazione del socialismo in Europa». Era ovviamente moderna: al punto di non amare la musica giapponese che giudicava noiosa e di sedersi sempre su di una seggiola: «Odio il tatami. A stare in ginocchio mi viene male alle gambe». Non pensava a sposarsi perché voleva fare carriera. Ma verso le undici, sollevata la manica del chimono su un orologio a cronometro, balzò in piedi e disse che doveva assolutamente lasciarci: viveva col babbo, la mamma e sei fratelli, non poteva far tardi. «Perché?» le chiedemmo. «L'avrebbero rimproverata?» «Oh, no!» rispose ridendo. «Ma nulla è più scorretto che rincasare quando la luna è alta nel cielo.»

La *career girl* si chiamava Masako Montsou. Ed era una seducente ragazza di ventiquattr'anni, alta e sottile, vestita secondo l'ultima moda francese. Abitava, sola, in un appartamento vicino all'Imperial Hotel. I suoi genitori vivevano invece in campagna e Masako non li vedeva da quattro anni, quando era venuta a Tokio per tentar la fortuna. Era disinvolta, spiritosa e civetta. Fissava Duilio con immenso interesse: a un certo punto confessò di provare una gran simpatia pei giovanotti europei, e allora sentite quello che accadde. Duilio la invitò a cena, strizzandomi un occhio affinché io e Chas dicessimo che non potevamo andare con loro, Masako arrossì e annunciò che correva a farsi bella dal parrucchiere, poi disse che quello era il più bel giorno della sua vita e fissò l'appuntamento per la sera alle sette.

Duilio non stava in sé dalla soddisfazione: aveva attraversato mari e montagne, continenti interi per arrivare a un tête-à-tête con Masako. Non che pensasse a brutte cose, chiarì: ma finalmente, ecco, avrebbe avuto anche lui la sua brava avventura in Oriente. Lo lasciammo mentre ascoltava una immaginaria musica d'arpe, gli demmo l'indirizzo del ristorante dove io e Chas saremmo stati a mangiar la tempura, nel caso avesse avuto bisogno di qualcosa, gli augurammo ogni bene. Che non facesse troppo tardi, però: l'indomani mattina avremmo dovuto prendere il treno per Kyoto. Alle otto e mezzo ricomparve, disfatto.

Non lo avevo mai visto tanto disfatto: neppure il giorno in cui aveva affrontato il doganiere di Jakarta, neppure il giorno in cui aveva fotografato Han Suyin con un *cheongsam* trasparente accorgendosi in seguito di non aver messo il rotolino dentro la macchina. Nei suoi occhi, di solito così bonaccioni, tremava un'ira violenta: quasi una intera popolazione di maschi latini fosse stata ferita con lui.

«Cos'è successo, Duilio?»

Lui si accasciò sul tatami, guardò la tempura con la medesima nausea con cui avrebbe guardato, credo, Masako.

«Voglio tornare a casa.»

«Ma via, Duilio. C'è ancora Honolulu. E poi c'è New York. Non andiamo a New York?»

«Voglio tornare a casa.»

Poi esplose. «Stavo lì, tutto lavato e contento, quando il portiere mi chiama e mi dice che un signore e una signora hanno chiesto di me. Io rispondo: "Non è possibile, la signora che aspetto deve essere sola". Ma ecco che avanza e non è sola per niente, c'è con lei un giovanotto. "Mio fratello," mi dice "che per l'appunto è di passaggio da Tokio." "Bene" dico pensando che tutto ciò ritarda la cena. "Buonasera, fratello. Vuoi bere qualcosa?" Il fratello dice di no, ha fame e preferirebbe andare a mangiare: dove andiamo a mangiare? Io non credo ai miei orecchi perché naturalmente io penso che dopo il bere lui se ne va. Invece andiamo a mangiare e per tutto il tempo lei mi imbocca come se fossi invalido parlando però col fratello che oltretutto le parla in giapponese. Dopodiché io pago per correre via ma lei dice: "Naturalmente lei ha capito che sono una ragazza moderna, se non fossi una ragazza moderna non sarei venuta a cena con lei. Comunque, per dimostrarglielo bene, ora andiamo a cena in un altro posto e pago io".»

«E ci sei andato?»

«Certo che ci sono andato: chi disubbidiva a quella lì? Mi ha portato in un altro posto e ha ricominciato a imboccarmi parlando tuttavia col fratello, poi mi ha licenziato perché era tardi e mi ha promesso che andremo ai giardini: col fratello s'intende. E io, ora, che faccio?»

Era così triste, povero Duilio, che avremmo fatto qualsiasi cosa per lui. Così lo portammo a un night-club dove le taxi-girls fasciate in un *cheongsam* lungo fino alla caviglia aspettano in fila di far bere i clienti e gli scegliemmo anche una ragazza per bere ma la ragazza non gli piaceva e così dovemmo pagare per niente. Poi lo portammo in un posto dove suonano il jazz e dove gli adolescenti si baciano come se nessuno stesse a guardarli, ma anche questo non gli piaceva e così lo portammo a Yoshihara dove, oltre alle *pinball machines*, c'è anche il tiro a segno. Il giovanotto del tiro a segno aveva un'aria furba, quasi capisse benissimo che cercavamo di consolare un amico, e d'un tratto ci disse che sapeva lui come curarlo: volevamo vedere uno spettacolo di *shiro-shiro*?

«Cos'è?» chiesi a Chas.

«Andiamo via» rispose Chas.

«Ma cos'è?»

«È roba che non ti consiglio. Andiamo via.»

«Voglio vederlo» disse Duilio al tipo del tirassegno. «*How much?*»

«Tremila yen, signore. Più la mancia» disse quello, serissimo.

«O.K.» disse Duilio porgendo il denaro.

«Buon divertimento, Duilio» disse Chas spingendomi verso un taxi.

«Non lasciatemi solo!» gridò Duilio.

Eh, sì. Il taxi partì senza di noi. Lo *shiro-shiro*, come seppi più tardi, è una parola che non si può tradurre e anche uno spettacolo tra i più antichi che si possano vedere in Giappone. Che bisogno ci sia d'andarlo a vedere in Giappone quando lo si può vedere in qualsiasi parte del mondo e a Parigi, ho sentito dire, costa assai meno, non so. Comunque sembra che non sia il caso di scandalizzarsi: la polizia, per esempio, non lo proibisce.

Esso si svolge in tre tempi. Prima c'è il *white and white*, poi c'è il *black and white*, poi c'è il *black and black*. Il palcoscenico può essere un salotto molto elegante come una sordida stanza: anche come spettacolo pubblico, lo *shiro-shiro* ignora le differenze sociali. Nella stanza c'è un tappeto e poi ci sono alcune poltrone per gli spettatori. Ci sedemmo su quelle poltrone e dalla porta socchiusa un bambino di forse tre anni guardava: curioso e innocente. Era il figlio della padrona. Dopo un poco entrarono due ragazze con un maglione e i blue jeans, i capelli corti e la faccia perbene. Dissero che avrebbero recitato il *white and white* soltanto per noi perché quella sera non c'erano altri clienti. Speravano quindi che fossimo generosi nel dare la mancia. Si dedicavano a questa faticosissima arte, aggiunsero, perché il denaro serviva per comprar le dispense: erano infatti studentesse dell'università, ecco qui il tesserino. Parlavano lente, con gran dignità, e Chas traduceva. Poi coprirono la lampada con un cencio e incominciarono.

Intendiamoci: può anche darsi che lo *shiro-shiro* sia uno spettacolo degno d'esser visto. So che i turisti americani ci vanno, ad esempio, con le loro famiglie e se ne vantano molto: definendo quelle ragazze delle gran brave ragazze. Se hanno ragione, io non lo so perché dopo pochi minuti mi alzai, seguita da Chas e da Duilio, e le lasciai lì, sul tappeto, a dibattersi e inciampare nel mucchietto dei blue jeans accatastati. Per strada, tutti e tre vomitammo. L'*Enciclopedia Britannica* non ci aveva avvertiti.

* * *

All'alba, prendendoci in giro per quell'esperienza da maniaci sessuali, partimmo per Kyoto: la città delle gheisce. Kyoto dista da Tokio un giorno o una notte di treno ma è consigliabile fare il viaggio di giorno quando il sole giallo pulisce la campagna più bella dell'Asia: verde come un'unica foglia, ondulata di torrenti e colline, paragonabile solo alla campagna toscana e abruzzese come la videro il Ghirlandaio e il Perugino. Le stazioni sono piccole stazioni di campagna, coi vecchi contadini in chimono che reggono ceste di uova e galline per portarle in città. Il paesaggio è come appare nelle stampe che raccontano alla nostra illusione il Giappone: tenero, armonioso, intatto; e presto dimenticate che i vostri compagni di scompartimento stonano coi vestiti di flanella e la cravatta, che la ragazza accanto vi irrita mugolando da ore il refrain di *St. Louis Blues*. Si va a Kyoto come si va a Venezia o a Toledo o a Stratford-on-Avon: per ritrovare una dolcezza perduta, una civiltà dimenticata, una poesia che noi stessi abbiamo distrutto. Essa è l'unica città del Giappone rimasta com'era nei secoli addietro: le bombe non l'hanno colpita, le fabbriche non l'hanno sporcata, la gente non s'è lasciata corrompere dai nostri influssi europei. All'arrivo ci colse uno struggente conforto.

Kyoto si stendeva in un silenzio piovoso col suo fiume che chiamano Lentezza d'Argento, i suoi monasteri Zen affogati nel bosco di querce secolari, i suoi giardini di candida sabbia rastrellata in linee parallele e precise: con un albero nano nel mezzo e le rocce coperte di muschio. Ci inoltrammo in quel sogno un po' increduli. Era sera e nel Tempio delle Fonti Pure, che si nasconde ai piedi di una sorgente, i bonzi dal cranio rasato recitavano complicatissimi riti dinanzi agli altari di legno, bruciando bacchettine di incenso e misteriosi papiri; le vestali dalla gonna arancione e i capelli raccolti in un'unica coda fasciata di carta rastrellavano la ghiaia pulita o portavano acqua ai monaci chiusi entro celle prive di luce. Nel Palazzo della Nobile Fragranza, le donne legavano onorevoli talismani agli onorevoli alberi per chiedere una grazia agli dèi e i rami di pino erano tutti infiocchettati con minuscoli fogli dov'era scritta la loro richiesta. Nei quartieri delle gheisce che hanno poeticissimi nomi come Quiete Serena, Fagiolina Felice e Foglia Tempestosa, le misteriose creature che passano la propria vita a compiacere i mariti delle altre cantavano lamenti gentili. Eravamo a Kyoto, quel giorno ancora turbato dal disgusto di Yoshihara, per via delle gheisce: giacché non si può capire le gheisce, dicevano tutti, senza capire il mondo che le ha generate, l'eleganza astratta di quei monasteri, la raffinatezza esasperante di quelle case prive di mobili, il tradizionalismo delle donne che guardarono sempre con diffidenza ai generali MacArthur.

Non pensavamo affatto di andare dalla signora Mikimoto sebbene un amico comune, il visconte Watanabe, mi avesse consigliato più volte di portarle i saluti. Ci andammo, lo ammetto, per una curiosità un poco sciocca: la signora Mikimoto ha sposato il figlio del grande Mikimoto, il coltivatore di perle più noto del mondo. È quindi una delle signore più ricche di tutto il Giappone; pensai che valesse la pena conoscerla. Così le mandammo i saluti di Watanabe e lei rispose invitandoci subito a casa di sua madre Tokuko Yoshiko. Forse poteva interessarci, diceva l'invito, vedere una autentica casa giapponese.

Come no? Era una casa di legno e di carta, lungo un viottolo illuminato da lanterne che palpitavano come lucciole rosse, gialle, viola. Si entrava dopo esserci tolti con interminabili inchini le scarpe. Si percorreva un corridoio di legno tanto pulito che avreste potuto appoggiarvi il mangiare. Si passava in stanze leggere e arredate con un unico tavolo basso, un unico vaso con un unico fiore, invisibili armadi per nascondervi i materassi su cui si dorme la notte. E in una di queste stanze stavano, inginocchiate come idoletti, le due incredibili donne: messe lì a ricordarci che Tokio non è, dopotutto, il Giappone. Sumiko Mikimoto, che è una signora di nemmeno trent'anni, indossava un chimono verde e azzurro. Tokuko Yoshiko, che ne ha almeno settanta, indossava un chimono marrone. Ed entrambe ci guardavano con un sorriso vagamente burlesco, quasi non potessero credere che eravamo andati fin là per trovare le gheisce: perfino i convenevoli avevano qualcosa di ironico. Dal modo in cui Tokuko ci offriva il tè verde, privo di zucchero, sembrava che tutto il nostro mondo, i nostri vestiti, la nostra curiosità dovesse apparirle assai buffa. Tuttavia ci si sentiva a proprio agio, là dentro. L'armonia di quel vuoto appena interrotto da un tavolo e un fiore incuteva una pace insospettata. E d'un tratto Sumiko si alzò e aprendo l'anta scorrevole disse: «Ascolti, la prego».

Giungeva, da oltre il parco cinto da una staccionata di bambù, un canto un po' fioco, e lei lo tradusse: «Una sigaretta dà tutto il suo corpo e si fa anche baciare finché non è cenere del suo padrone. Io sarò la tua sigaretta, signore». Sorrise. «Bello, vero? Sono le gheisce della scuola di Kyoto. Pensi: incominciano a studiare bambine queste canzoni e continuano fino alla morte. Più che un mestiere, la loro è una setta segreta: quando escono a rallegrare una festa sono ancora chiuse in berline portate a braccia da due servitori, come cento e cento anni fa. A volte mi chiedo se il progresso e la tecnica riusciranno a distruggerle, poi mi dico di no. Sarebbe come distruggere ciò che noi giapponesi amiamo di più: la grazia, la raffinatezza, l'inutile. A volte, quando le sento cantare, mi chiedo anche se ne sono gelosa. Ma poi mi dico di no. E tu, madre, ne sei mai stata gelosa?»

La vecchia signora sollevò il volto d'avorio. «Perché dovrei esserlo? Durante la guerra il municipio mi mandò una gheiscia cui avevano bombardato la casa. Era una creatura squisita, non osava nemmeno far la civetta con mio marito. E poi sapeva mettere i fiori in un vaso e offrire il tè con le regole. Magari le donne d'oggi fossero tutte così.» Guardò severa Sumiko. «Consideri mia figlia, ad esempio. Non sa mettere nemmeno un tulipano in un vaso, lo infila sempre con la corolla dalla parte sbagliata. Ignora la cerimonia del tè, e quando... Oh, prego! Prego!» Tokuko Yoshiko balzò in piedi come una giovinetta, si inchinò tre volte dinanzi a Duilio che teneva in mano una sigaretta e fece il gesto di accendergliela.

«No!» disse Duilio arrossendo.

«Perché?» chiese la signora Yoshiko, stupita.

«Perché è un uomo» spiegai. «Tocca a un uomo alzarsi ed accendere la sigaretta a una donna.»

«Nient'affatto» disse la signora Yoshiko. «Tocca alla donna.» E gliela accese. Poi riprese il discorso. «Quando si trattò di scegliere la sua educazione, sapete cosa scelse mia figlia? Lo studio del pianoforte. Che dolore! Eh, sì! Accadono certe cose, oggigiorno. Le ragazze si sposano dopo due mesi di fidanzamento e fanno quegli stupidi matrimoni amorosi. Anzi, succede di peggio: lo sa che non vogliono neppure farsi visitare dal medico prima di firmare il contratto di nozze?» Alzò la testa in un gesto orgoglioso: «Il mio fidanzamento durò tre anni e certo sarebbe durato di più se non mi fosse venuto quel male allo stomaco. Una vera fortuna. Lo zio del mio fidanzato era medico, così lo chiamammo e, approfittando del pretesto, mi feci visitare dai piedi ai capelli. Subito dopo giunse la richiesta ufficiale. Ah, che matrimonio fu il mio! Un capolavoro di buongusto e saggezza. In tutta la vita non dissi mai a mio marito "ti amo" e lui non lo disse mai a me. Questa figlia invece non fa che ripetere al marito "ti amo, ti amo". Uno scandalo. E, come se non bastasse, non voleva far l'*omiai*. Lei sa, vero, cos'è l'*omiai*?».

Lo sapevo. Per *omiai* si intende in Giappone l'incontro formale tra un giovanotto e una ragazza che desiderano conoscersi a scopo di matrimonio. Di regola l'*omiai* è organizzato dal *nakodo*, o intermediario professionista, a volte da un amico di famiglia. Quando il *nakodo* sa che c'è una ragazza da sposare, chiede la sua fotografia e la mostra ai parenti di uno scapolo. Se la fotografia piace, il *nakodo* raccoglie informazioni sui due e, se le informazoni sono buone, organizza l'*omiai*. Uno sguardo o una breve conversazione bastano a far capire al giovanotto e alla ragazza se desiderano rivedersi per studiare la possibilità di un fidanzamento. Pochi, soprattutto in provincia, sfuggono all'*omiai*: sposando persone incontrate per caso. Quando sfuggono, lo scandalo esplode: e non nella sola provincia. Allorché il principe ereditario Akihito annunciò il fidanzamento con Michico Shoda da lui conosciuta su un campo da tennis e senza *nakodo*, i tradizionalisti insorsero contro il pessimo esempio e l'amministratore della casa imperiale dovette solennemente mentire dinanzi alla Dieta che quel matrimonio non era il risultato di un flirt tra le racchette, bensì la conclusione di un *omiai* arrangiato dalle famiglie.

«Mi parli del suo *omiai*, la prego» dissi a Sumiko Mikimoto.

Lei sorrise con l'aria di chi sta per raccontare qualcosa di molto audace. «Bene. Ero a Shanghai per dare un concerto e la madre mi scrisse che il figlio del grande Mikimoto cercava di fare un *omiai*. Infatti il *nakodo* aveva mostrato la mia fotografia ed era stato in giro a informarsi sulla mia passionalità, il mio patrimonio e i trascorsi della famiglia. Io risposi alla madre che, se lo desiderava davvero, sarei tornata in Giappone: ma non per un *omiai* ufficiale. Avevo una carriera, non pensavo a sposarmi. La madre insistette, io tornai, e l'incontro col signor Mikimoto avvenne al mattino. Naturalmente feci di tutto perché fallisse: mi vestii all'europea, con pantaloni e camicetta, e guardai sempre il signor Mikimoto negli occhi, senza fingere alcuna modestia. Oltretutto il signor Mikimoto non mi piaceva: era bruttino.» Si interruppe per ringraziare Duilio che le aveva acceso una sigaretta.

«Sumiko!» esclamò, costernata, la madre. «Cosa fai?»

«Chiedo scusa» disse Sumiko. «Ero distratta. Mio marito mi accende sempre la sigaretta e così...»

«E lo racconti?» disse, ancora più costernata, la madre.

«Dunque,» riprese Sumiko «il signor Mikimoto parve non scoraggiarsi perché qualche giorno dopo mi scrisse una lettera che io lessi ad alta voce alla famiglia, secondo le regole. La famiglia giudicò che fosse un errore rinunciare a un tale partito e d'altra parte mi dispiaceva disubbidire alla famiglia. Poi, una donna deve pur sposarsi, le sembra? Insomma risposi alla lettera fissando le nozze entro due mesi e lo sposai. Vede, c'è un abisso tra me e mia madre ma in questo andiamo d'accordo: non crediamo ai matrimoni d'amore. Nessuna giapponese con un po' di buonsenso crede ai matrimoni d'amore: essi portano all'incomprensione e al divorzio poiché quando uno è innamorato giudica l'oggetto del suo amore come una divinità. Col tempo, e vivendoci insieme, si accorge che costei o costui non è affatto una divinità, e resta deluso. Col nostro sistema, invece, nessuno resta deluso: tutt'al più scopre che il coniuge è migliore di quanto avesse pensato. Infatti il mio matrimonio è felice. Mio marito mi ama e io lo amo. Siamo arrivati all'amore senza indulgere al flirt.»

Tokuko Yoshiko alzò di scatto la testa. «Cos'è questo flirt?»

Sumiko Mikimoto ci pensò un poco e poi rispose: «È una cosa maleducata, madre».

* * *

Ecco: qui c'era tutto. Forse la signora Mikimoto non rappresenta il Giappone d'oggi: esso appartiene alle moderne ragazze di Tokio. Ma rappresenta lo spirito vero del Giappone, il più antico. E le gheisce sono il risultato di una società dove le donne che le assomigliano ignorano l'arte di arrangiare i fiori in un vaso, a volte accettano di farsi accendere la sigaretta da un uomo: però sposano colui che la famiglia desidera ignorando l'amore. Una inchiesta recente della Municipal Matrimonial Agency ha stabilito che l'ottanta per cento delle giapponesi sopra i trent'anni non considera il matrimonio come l'unione di due che si vogliono bene: bensì come il legame solenne tra due famiglie. In Giappone esiste, ad esempio, un Club dei Cuori Solitari. Lo fondò subito dopo la guerra e dietro consiglio degli americani il signor Haruo Yokochi: con sede centrale a Tokio e succursali in ogni capoluogo di provincia. Il signor Yokochi è un ammiratore dell'Occidente: «Incoraggio i miei impiegati a far l'amore in ufficio» usa dire. «L'amore dà gaiezza, energia, senso di responsabilità.» Ma il giorno in cui gli chiesi se l'atteggiamento dei suoi impiegati servisse davvero di buon esempio ai clienti, rispose: «Non me ne parli. Ho celebrato proprio ieri un matrimonio in massa di venti clienti giunti da Osaka, Kobe e Takamatsu: nessuno di loro s'era mai scambiato la più innocente carezza. Vede, l'ufficio funziona e i giovanotti ci vengono. Ma le ragazze no: mandano ancora la madre». In tutta Tokio, del resto, sanno quel che accadde quando si aprì sulla Ginza un negozio di articoli matrimoniali. Il proprietario aveva assunto come commesse solo fanciulle graziose, caste e in età da marito, la voce si sparse, il negozio fu invaso da vecchie signore in cerca di mogli pei figli. E tutte, anziché comprare veli da sposa e pentole elettriche, interrogavano le commesse sul loro passato sentimentale onde giudicare l'opportunità di un *omiai*. Il proprietario dovette sostituire le commesse in età da marito con commesse sposate o uomini brutti.

Il concetto del matrimonio come contratto sociale anziché come atto d'amore è un concetto asiatico che resiste da millenni sull'intero continente e che gli europei comprendono poco. Probabilmente cominciano a comprenderlo poco anche le giapponesi. Tuttavia lo rispettano, come rispettano l'*omiai* e la regola di non interferire con la vita pubblica del marito: altro particolare che spiega l'esistenza delle gheisce. Le donne come Sumiko Mikimoto si vergognerebbero se il coniuge tornasse a casa appena finito l'orario di ufficio: «Sarebbe come ammettere che egli è uomo senza amici e la sera non sa dove andare». Si vergognerebbero ancora di più se il coniuge portasse a casa gli amici o le inducesse ad accompagnarlo in un ristorante. «Una moglie perbene sta a casa e non si mostra come una ballerina alla gente.» Sicché quelle terribili mogli occidentali che tormentano il marito per seguirlo in ogni cena e in ogni viaggio farebbero bene a capitare da queste parti, ogni tanto: vi imparerebbero almeno una lezione di umiltà.

Una moglie non segue il marito che parte per un congresso. Lo segue la gheiscia. La moglie, tutt'al più, accompagna i due fino al treno, augurando che si divertano. Una moglie non segue il marito che va al ristorante. Lo segue la gheiscia. La moglie, se è furba, gliela procura. E perché?, chiederete. Perché il rispetto di un segreto non rientra nei doveri di una moglie. A tavola, come gli italiani, i giapponesi risolvono tutti i loro problemi e mentre nessuno si fiderebbe a chiacchierare dinanzi alla moglie, ognuno si fida a chiacchierare dinanzi alle gheisce per cui mantenere un segreto è una questione d'onore. Nelle case da tè di Kyoto e di Tokio gli uomini politici e i magnati dell'industria discutono a volte argomenti decisivi per la vita della nazione: pensate un po' che disastro se avessero accanto le mogli. Con le gheisce invece non temono nulla e sebbene circolino strane storie in Giappone a proposito di gheisce che nascondono apparecchi registratori nell'*obi*, non risulta che vi sia mai stata tra loro una Rosemarie Nitribitt.

Occupiamoci dunque di queste famosissime donne che il luogo comune descrive come amanti di lusso per iniziati e che probabilmente sono destinate a sparire. Ad ascoltare gli scettici, presto esse diventeranno soltanto un'attrazione turistica, come gli indiani Navajos in America, e finiranno chiuse in riserve alle quali si potrà accedere con un permesso speciale, come si fa con gli indiani Navajos. Hanno una vita difficile, infatti. Il Partito socialista ne reclama a gran voce l'abolizione sottolineando che sono appannaggio esclusivo dei ricchi, dannose perciò all'economia del paese. I capitalisti le osteggiano; molte società anonime hanno imposto ai loro presidenti un ultimatum: «Niente più cene con le gheisce ammenoché non si tratti di ricevere qualche pollo di cliente romantico. Costano troppo». I night-club e le taxi girls col *cheongsam* fanno loro una concorrenza spietata; alcune, poverine, devono adeguarsi suonando lo xilofono o ballando la rumba. Il sistema delle tasse le tormenta: tutte quelle che guadagnano più di quattrocentomila lire all'anno devono versare al fisco il trentatré virgola trentatré per cento degli introiti. Per le tasse, centosessantatré gheisce di Kanazawa hanno abbandonato la professione e il sindaco di Kanazawa ha così commentato: «Che sollievo. Francamente, stavano diventando una scocciatura terribile». Eppure ne esistono ventinovemilatrecentosessantacinque in Giappone, senza contare le centinaia di allieve che ogni anno escono dalle scuole di Kyoto. E sono ancora popolari nel mondo come i cowboy, i fachiri e i maraja. Perché? Chi sono? Cosa fanno?

Fanno, anzitutto, una vita da monache: la loro disciplina è più rigida di quella che opprime gli allievi agit-prop negli eremi comunisti d'Europa. Sono, anzitutto, qualcosa che noi europei non possiamo facilmente capire. E non corrispondono alle descrizioni esaltate che ci regalarono, un po' impunemente, Paul Morand e Pierre Loti. L'indomani del mio incontro con la signora Mikimoto, andai a visitare una scuola e l'impressione che ne ricevetti fu più sconcertante della serata che avrebbe concluso il mio soggiorno di Kyoto. Nei corridoi tirati a lustro dalla consueta ossessione di cenci, di sapone, di spazzole che caratterizza il popolo più pulito della terra, le gheisce passavano come novizie di un monastero: le braccia incrociate e nascoste dentro le maniche ampie, lo sguardo abbassato, le labbra chiuse in un cupo silenzio. Nelle aule di canto, di danza, di psicologia, esse stavano invece inginocchiate sopra il tatami, immobili dentro i chimoni splendenti di colori e di oro, ieratiche sotto le parrucche lucidissime e nere, e sembravano in chiesa per le preghiere del vespro. Nessuna, vedendoci, aveva una piccola mossa di curiosità, o un sollevare di ciglia. Restavano ferme, con quei visini un po' tristi, avvitati sui colli di cigno: quasi fossero farfalle già morte e infilzate con uno spillo nel muro.

Le novizie dei monasteri respirano. A volte tossiscono, insomma son vive. Ma loro apparivano morte come farfalle da collezione; e delle farfalle non avevano che i colori dell'abito. Vi era qualcosa di illogico, in esse, e di tetro. Si entrava in quelle aule col timore di commettere un sacrilegio, se ne usciva soffocati dall'imbarazzo, non si osava nemmeno interrogarne qualcuna. Parlare con gli estranei è proibito, non avrebbero nemmeno risposto, e dinanzi a loro stava un maestro che al più lieve rumore alzava una bacchetta come una sciabola. Fu il mio accompagnatore, che era anche il segretario della scuola, a parlare. Nella scuola studiavano trecentotrenta gheisce, mi disse: tra i dodici e i sessantadue anni. Certo che ve n'erano anche di sessantadue anni: in quel lavoro non si smette mai di studiare. Alcune avevano incominciato a sei anni, proprio come le ballerine classiche in Europa: dopo la guerra, però, la Jouvinal Protection Law aveva portato il limite di età a dodici anni. Talvolta erano figlie di gheisce, naturali perlopiù, talvolta erano figlie di poveri che le vendevano alle ex gheisce per ventimila yen e un sacco di riso. L'ex gheiscia pagava la scuola, il cibo, i vestiti, e la ragazza avrebbe riscattato il suo debito versandole il venti per cento dei suoi guadagni quando avesse trovato lavoro. Così, per tutta la vita. Naturalmente era indispensabile che essa fosse intelligente e graziosa: a che serve un bellissimo volto se dalle sue labbra non escono parole sensate? Una gheiscia doveva intendersi un poco di tutto: dalla politica alla scienza, alla filosofia. «Lei ignora, forse, la traduzione letterale di gheiscia. *Ghei* significa persona e *scia* significa cultura. Una gheiscia è una persona di cultura prima d'essere un oggetto di piacere.»

Ma quale piacere? La loro vita sentimentale è scarsa. Finché studiano a scuola, sono impegnate con le lezioni dalle otto del mattino alle sei del pomeriggio; dopo le sei, hanno solo mezz'ora di permesso per andare a passeggio in giardino. La notte dormono in camerate su cui veglia un'incorruttibile governante. Quando trovano lavoro in una casa da tè, si lasciano andare difficilmente alle avventure amorose. Il cinquanta per cento delle gheisce non ha mai avuto un amante e non lo avrà mai. Alcune sono asessualizzate da una disciplina che finisce per renderle insensibili a qualsiasi richiamo di istinti o di affetto. Altre ritengono di faticare abbastanza per intrattenere i clienti anche su un materasso: a questo ci pensano le mogli. Certe hanno un protettore che le esibisce come i nostri miliardari esibiscono una fuoriserie o una diva: però è molto raro. È raro anche che si sposino: non perché sia loro difficile incontrare chi glielo chieda, ma perché non ci tengono. Come gheisce, hanno tutto: lusso, protezione, rispetto, uomini intorno. Come mogli, finirebbero col subire le regole delle mogli. E si annoierebbero molto di più. Comunque, concluse il mio accompagnatore, non potevo capire le gheisce visitando una scuola. Era necessario che trascorressi una serata con loro. Se volevo, me l'avrebbe arrangiata, a prezzo speciale; e sarebbe stato qualcosa di indimenticabile.

Ma certo: come rinunciare a qualcosa di indimenticabile? Duilio non stava in sé dalla gioia: ora sì che avrebbe avuto qualcosa da raccontare agli amici o alle ragazze restie. E la sera stessa, insieme a Chas e a Duilio, mi recai nella più celebre casa da tè di tutto il Giappone.

L'appuntamento era alle sette e si raccomandava la puntualità più scrupolosa, onde non offender le gheisce. La casa da tè era di legno, e dalle pareti giungeva un suono di risatine soffocate, passi cauti, bisbigli. I miei amici erano tutti eccitati: perfino Chas, che di solito non si lascia sedurre da nulla. Ma poverino, non era mai stato in questa casa da tè; costava troppo. La padrona, che era una vecchia abbigliata con molta ricercatezza, ci aspettava sull'uscio e per un attimo i suoi occhietti furbi mi fissarono con complicità. Dovevo sembrarle una donna ben strana, come dire?, fuor del normale, se andavo in una casa da tè. Ma subito si ricompose in una indulgenza più complice, quasi a dirmi "Sta' tranquilla, io non racconto nulla a nessuno", e dopo averci tolto le scarpe ci condusse al primo piano dove ci abbandonò per mezz'ora.

La stanza d'attesa era un salottino moderno: con le poltrone, il grammofono e il televisore. Una ragazza entrò con tre spugne fumanti affinché ci lavassimo bene le mani e la faccia. Poi se ne andò e non successe nulla finché la padrona non riapparve per introdurci nella sala da pranzo che era ampia, col solito tavolo basso nel mezzo, quattro cuscini con la spalliera di ferro e nient'altro. Non c'erano nemmeno le gheisce ma, disse guardandomi con quella odiosa complicità, a ciascuno di noi spettava una gheiscia ed esse ci avrebbero raggiunto al più presto. Stavano dando gli ultimi tocchi al maquillage. Certo alla onorevole forestiera sarebbe piaciuto sapere che, per essere degne della nostra simpatia, le gheisce avevano fatto il bagno tre volte, poi s'erano depilate fino all'ultimo pelo, infine avevano indossato sette chimoni sotto quello principale. Dopodiché Chas spiegò a Duilio che l'abbigliamento di una gheiscia comprendeva anche tre sottovesti e tre paia di mutande lunghe fino ai ginocchi.

Ci accucciammo, preoccupati, sui cuscini. E presto un'anta si aprì con un fruscìo di cartavelina per far passare la prima gheiscia che si inginocchiò fino a toccare il pavimento con la fronte. Poi si rialzò ed era una bambina minuscola, certo non dimostrava più di quindici o sedici anni. Il suo corpo infagottato dentro un chimono rosso e arancione era privo di curve e il suo volto ovale era spalmato di candida lacca che dava a quell'espressione di bambola lenci una fissità cadaverica. La sua bocca era tinta di rosso ma in modo curioso: infatti, per farla sembrare più piccola, i bordi delle labbra erano circondati di bianco. Le sue sopracciglia erano completamente rasate e sulla esagerata parrucca dondolavano fiori di carta e pendagli di latta. La parrucca doveva farle assai caldo perché, dalle tempie, scendeva un rivoletto di sudore che lasciava un solco dentro la lacca, come una lacrima lunga.

Non disse nulla. Ci guardò con freddezza, poi andò a porsi vicino a Chas che, evidentemente, era quello che le piaceva di più. Qui rimase con la testa ben dritta, le mani in grembo, a scrutare la sua cravatta e poi i miei orecchini. Sembrava che non avesse mai visto una cravatta o un paio di orecchini: ma forse cercava soltanto di capire chi fossimo, prima di compromettersi in frasi sbagliate. Non si compromise in frasi sbagliate. Dopo qualche minuto che a noi parve un'eternità, annunciò con vocina pigolante di chiamarsi Tokiko, per nostro piacere. E allora dalla bocca dischiusa apparvero i suoi denti: lunghissimi e gialli secondo la moda che impone alle gheisce di tingerli spesso di nero affinché assumano «il colore del sole». Poi arrivò l'altra gheiscia.

Questa era più vecchia e proprio bruttina. Era grossa, coi denti ancora più gialli, e il suo volto butterato dal vaiolo era dipinto di ocra. Aveva un naso forte, lucido, su cui posava meccanicamente un piumino da cipria che poi riponeva nell'*obi*. Tutt'altro che silenziosa, non faceva che ridere spalancando quella boccaccia e sempre ridendo dichiarò di chiamarsi Toshiko, per nostro piacere. Quindi si pose accanto a Duilio che non ne fu punto contento. La terza era una gheiscia che non sembrava una gheiscia. Il suo volto appariva lavato, senza cipria o rossetto, i capelli erano tagliati cortissimi: come quelli di un ragazzo. Aveva occhi europei, con una cicatrice minuscola all'angolo dove il bisturi s'era affondato, e un'espressione dura, sdegnosa. Si inchinava, ma come se ciò la infastidisse moltissimo. Ignorava ogni grazia leziosa e malgrado il chimono azzurro fasciasse un corpo indiscutibilmente femminile, c'era in lei qualcosa che mi preoccupava un pochino. Maledetta padrona: l'aveva scelta proprio per me. La mia gheiscia si chiamava Nanako e disse d'aver scelto quel nome per simpatia con Nanà, l'eroina di Zola. Infatti leggeva molto romanzi francesi e il suo autore preferito era Zola sebbene conoscesse anche Gide, Flaubert e Stendhal, qualche inglese. Conoscevo *Il pozzo della solitudine*? Oh, no?

Il fatto che arrivasse la cena mi parve insperata salvezza.

Mi gettai sui gamberi affogati in una salsa di crème caramel, ignobile piatto che neppure morendo di fame avrei osato assaggiare, come se fossero il cibo più squisito del mondo. Intanto Tokiko continuava a star zitta, quasi le avessero tagliato le corde vocali. Toshiko continuava a ridere senza ragione. Nanako parlava. Forse aveva capito l'equivoco e cercava di alleviar la mia rabbia, forse era solo intelligente e cercava di rendersi utile. Mi spiegò quindi che il loro mestiere era assai faticoso: bisognava esser pronte a qualsasi ora del giorno e della notte, quando un cliente chiamava, e per questo le gheisce s'erano riunite in un sindacato di cui lei era presidente. Attualmente era in corso un'azione per chiedere che fosse assegnata una pensione di invalidità e vecchiaia dopo il quarantacinquesimo anno d'età, poi altre riforme come la cassa malattie. «Ci batteremo anche in Parlamento e, se necessario, ordineremo lo sciopero. Certo lo sciopero è arduo: vi sono tante crumire.»

Nanako parlava in ottimo inglese e Duilio tentava disperatamente di portarmela via: la sua stranezza, spiegò, lo eccitava. Ma non c'era nulla da fare: Nanako mi era insopportabilmente fedele e non si spostava un millimetro. Duilio dovette rivolgersi a Tokiko dicendole, con l'aiuto di Chas, che doveva accompagnarlo dabbasso a pigliar la sua Leica. Tokiko, ubbidiente, si alzò e insieme scesero a pigliare la Leica ma quando Duilio tornò il suo volto era nero. Aveva tentato di baciarla, mi disse, ma quella stava lì come una statua di gesso: che gusto c'è a baciare una statua di gesso? La lacca del suo volto era ghiaccio. Aveva tentato anche di abbracciarla un pochino, ma non aveva sentito altro che cenci: che fosse una bambolina di cencio con la testa di gesso? Ricominciò desolato a mangiare.

Dio, se mangiammo! Io, perché ciò evitava carezze; Chas e Duilio, perché non avevano nient'altro da fare. E poi tutte e tre sembravano preoccupatissime di nutrirci più del necessario. Non facevano che versarci il sake nei bicchierini e spesso allungavano le bacchette di legno nei nostri piatti imboccandoci come si fa coi bambini o con i soldati che hanno perso le mani alla guerra. Così Toshiko parve molto sorpresa quando Duilio le disse che non gli andava di farsi imboccare. I miliardari e i ministri, disse con la solita rumorosa risata, ci trovavano un gusto infinito e per tutta la sera restavano con le mani appoggiate sulle ginocchia, non le alzavano neppure per bere il sake. Ma poi finì anche la cena e mi riprese il terrore. Ed ora, cosa sarebbe successo?

Nulla, state tranquilli. Non sarebbe successo nulla: tutto ciò che accadeva era pura formalità, niente è più casto di una serata insieme alle gheisce. Quando da mangiare non ci fu più nemmeno una fragola, Toshiko ci chiese se gradivamo qualche giochetto. Un giochetto consisteva nel battere le mani mentre Toshiko diceva: «Un due tre», ma ci parve cretino e così rinunciammo. Un altro giochetto consisteva nel camminare a quattro zampe abbaiando come cani mentre Toshiko diceva: «Miao», e nessuno ne volle assolutamente sapere. Un terzo consisteva nel raccogliere certi fagiolini da un piatto ed allinearli con le bacchette su un altro piatto: avrebbe vinto chi faceva più in fretta. E poiché Toshiko sembrava mortificata dalla nostra incontentabilità, accettammo i fagiolini che tristemente si allineavano da un piatto ad un altro piatto e poi da quel piatto a quello di prima.

Io do un fagiolino a te, tu dai un fagiolino a me: la serata stagnava in una noia apocalittica. Chas mi fissava con odio: per trentadue anni, tanti ne aveva, era riuscito ad evitare le gheisce, ed ora per colpa mia gli toccava subirle. Duilio soffocava gli sbadigli e diceva di non essersi mai sentito a terra come quella sera: «Ancora un fagiolino e svengo». Quanto a me, ero perplessa. Certo le gheisce erano molto carine con quelle mossette leziose. Perfino Nanako, finalmente convinta che la padrona si fosse sbagliata, aveva una grazia indiscussa. Ma il sudore causato dai sette chimoni e dalla parrucca cominciava a levare il respiro e per quanto mi sforzassi di comprendere quel mondo fatto di silenzi, lievi sciocchezze, raffinatezze invisibili, non riuscivo a capirne il fascino. Né questo accadeva a me perché ero una donna: accadeva anche a Chas che è orientale, e a Duilio che era arrivato assai ben disposto.

Ci alzammo perciò per andarcene, ma Tokiko e Toshiko, che temevano di non aver fatto sufficientemente il loro dovere, ci supplicarono di restare ancora un poco per vederle danzare. E allora, sulla nenia di uno strumento nascosto al di là della parete di carta, ebbe inizio una strana liturgia dove l'unico senso di vita era dato dallo schioccar dei ventagli. Danzando, Tokiko e Toshiko diventavano belle. Si capiva che dietro ogni movimento di dita c'era un significato simbolico, lo studio rigoroso di anni. Eppure non ne eravamo partecipi. Sembrava che ciascuna di loro danzasse dinanzi a uno specchio, ignorandoci, e mi veniva in mente la definizione dello scrittore William Demby: «Una gheiscia danza come se fosse innamorata di sé stessa e non riuscisse a esternare tutto l'amore che la riempie in sé stessa». Alla noia subentrava perciò una malinconia piena di solitudine: ci accomiatammo mentre Tokiko, Toshiko e Nanako ci supplicavano di tornare presto da loro perché non avrebbero resistito a lungo senza vederci.

Promettemmo in completa malafede di tornare il più presto possibile: neppure noi avremmo resistito a lungo senza vederle. Infilammo con sollievo le scarpe, chiedemmo il conto, e di colpo il senso di vuoto che ci aveva afflitto per due ore sparì. Per due ore di irritazione e sbadigli ci veniva richiesta, a sconto speciale, la somma di ventisettemila yen:

pari a cinquantaquattromila lire italiane. Il prezzo di un quintale di fagioli giganti.

* * *

Il ritorno a Tokio fu meno esaltante. Viaggiammo di notte e la bella campagna giapponese non servì a consolarci. A Tokio, facemmo in fretta le nostre valige: ci aspettavano le isole Hawaii. Il volto gentile di Chas June era l'ultimo volto orientale che avremmo visto. Pensai che forse non avevamo capito abbastanza di queste donne un po' misteriose perché non avevamo capito abbastanza dei loro uomini. Forse i loro uomini erano troppo freddi, troppo esigenti, troppo incapaci di emozioni perché esse riuscissero ad esser perfette come dice il proverbio. Ma quando l'altoparlante annunciò che il nostro volo partiva e bisognava raggiunger la pista, mi voltai a salutare Chas nel recinto del pubblico. E Chas, questo cinico, senza muovere un muscolo o sbatter le ciglia, piangeva.

VI

Ora l'aereo scendeva sulle isole di ibiscus e orchidee dove vivono le donne più nuove del mondo che un tempo erano anche le più libere e le più felici. L'Oceano Pacifico ci circondava come una ciambella d'acqua senza principio né fine e alla parte opposta del globo terrestre stava l'Europa, e l'Italia. Sono lontane le Hawaii: perdute come briciole di verde nel gran mare vuoto. Eppure ci sembrava già d'essere a casa, assai più vicini di quanto ci fossimo sentiti in India, in Giappone, in Malesia: dai vetri dell'oblò il paesaggio aveva qualcosa di familiare. Si vedevano alberi di cocco, è vero, e piante di cactus, e campi di caffè. Ma il porto là in fondo era Pearl Harbor, le macchioline bianche contro cui le onde sbattevano ventagli di spuma erano cartelli dell'US Army con la scritta: «*Keep Out*». E i bungalow con le piscine degne di Hollywood, i posteggi di automobili lunghe e dagli assurdi colori, la bandiera degli Stati Uniti d'America che sventolava sulla pista di Honolulu, stavano lì a ricordarci che le Hawaii sono il cinquantesimo Stato d'America e che il ciclo del nostro viaggio s'era concluso.

Le donne che secoli e secoli addietro abitavano queste briciole di verde perdute nel gran mare vuoto erano donne di razza intatta e senza peccato. Ignoravano tabù e malattie, andavano nude nel sole offrendo a occhi puri i loro corpi bruniti, i solidi seni, i volti imperiosi dagli occhi grandi e rotondi, i capelli più neri del buio. Ma poi erano giunti gli esploratori come James Cook, e i missionari protestanti, e gli avventurieri che ti ruban la terra offrendoti in cambio un pezzo di carta, gente d'ogni paese. Così le donne che noi venivamo a cercare non andavano più nude nel sole. Indossavano una sorta di camicia da notte che si chiama *muumuu*, chiusa al collo e ai polsi, lunga fino ai piedi, larga in modo da nascondere completamente le forme: che le mogli dei missionari imposero loro insieme all'idea del peccato e della punizione divina. Non appartenevano più a una razza intatta. Avevano tutte le sfumature della pelle, tutti i colori dei capelli, tutte le forme degli occhi poiché solo il sedici virgola tre per cento delle hawaiane sono di origine polinesiana. Il trentanove virgola nove per cento sono giapponesi, il dodici virgola due per cento sono filippine, il sei virgola cinque per cento cinesi, l'uno virgola nove portoricane, l'uno virgola quattro coreane, il ventitré virgola quattro caucasiche: vale a dire inglesi, francesi, portoghesi, svedesi, spagnole, tedesche, italiane, come i marinai e gli avventurieri che possedettero le loro bisavole. I loro parenti sono sparsi in ogni angolo remoto della terra. Così, quando avvengono i concorsi di bellezza, alle Hawaii, non si può eleggere un'unica miss; se ne devono eleggere sette, una per razza, più una cosmopolita. Questo era scritto sull'opuscolo che mi aveva dato la hostess ed era l'unica notizia precisa sulle hawaiane, che per il resto venivano pubblicizzate come le femmine più seducenti del mondo, allegre, con un fiore di ibiscus sopra l'orecchio: secondo il ritratto banale che ne fecero i film con Dorothy Lamour e i racconti lascivi sui Mari del Sud.

Detti l'importante informazione a Duilio che la apprese tutto contento ridacchiando: «Questo sì che è un paese». Ci avviammo in una luce di platino, ed era come andare in vacanza. Non lo diceva anche il cartello fatto di petali veri:

«Benvenuti alle Hawaii, paradiso delle vacanze»? Tutto aveva un'aria così spensierata, cordiale. All'uscita dell'aeroporto, l'inviato dell'Hawaian Visitors Bureau ci aspettava: simbolo dell'efficienza organizzativa degli Stati Uniti d'America. Si chiamava Big Bill ed era un polinesiano nero ed immenso, con una immensa camicia a fiori rosa e arancione, una immensa automobile a dodici inutili posti. Gridava: «*Aloha*, gente!» e subito ci infilò una collana di fiori il cui profumo metteva una sonnolenta emicrania, poi ci spiegò che a causa dei fusi orari avevamo guadagnato un giorno di vita, come Phileas Fogg. Convinto che fossimo ignoranti, ci spiegò perfino che quest'isola su cui eravamo sbarcati non era Hawaii, la quale dà il nome all'arcipelago perché è la più grossa. Questa era Ohau e Honolulu è la capitale di Ohau. Le altre isole si chiamano Kauai, Niihau, Molokai, Maui e via dicendo. Lui era nato a Kauai, e faceva il pescatore, ma dopo Pearl Harbor aveva smesso di fare il pescatore ed era venuto a Honolulu dove aveva imparato l'inglese. A quel tempo Honolulu era un grosso villaggio con le case di legno e la spiaggia di Waikiki era rossa perché le onde portavano quintali di corallo sbriciolato, le piscine non esistevano. Poi quelli dell'esercito avevano costruito una piscina per i soldati, poi un grattacielo per i soldati, poi i soldati erano tornati a casa a raccontare che Honolulu era bella e la gente aveva incominciato ad arrivare: rovinando Honolulu. I coralli della spiaggia di Waikiki ferivano i piedi della gente che stava lì ad abbronzarsi, così avevano portato tanti camion di rena morbida per coprire i coralli ed ora la spiaggia era grigia. C'eravamo aspettati che fosse a quel modo, Honolulu?

Eh, no. Sembrava d'essere a Miami, Florida; o a Long Beach, California. Big Bill guidava lungo una lucida strada asfaltata e dai cartelli pubblicitari l'avvocato Herbert C. Cornuelle, presidente della Pineapple Company, ci sorrideva incoronato da un ciuffo di ananasso di plastica: grosso come la cupola di una cattedrale. Odiosi miliardari in camicia hawaiana accompagnati da odiose miliardarie col *muumuu* fotografavano sé stessi e gli ananassi di plastica. Ad ogni passo ci abbagliavano le insegne dei motel, degli snack bar, degli alberghi. La spiaggia di Waikiki brulicava di turisti in costume da bagno come Coney Island in agosto. Fino a venti anni fa, diceva Big Bill, la ricchezza dell'arcipelago era data dagli ananassi, la canna da zucchero, il caffè: attualmente l'industria più forte era quella turistica. Ogni anno vengono centocinquantamila turisti alle Hawaii: per un profitto di novanta milioni di dollari, pari a cinquantaquattro miliardi di lire italiane. Solo le orchidee competono ormai coi turisti. Ogni anno gli Stati Uniti importano cinquanta milioni di orchidee. Naturalmente non bastano più quelle che nascono da sé nella giungla; e poi ne è rimasta così poca di giungla. Così le orchidee vengono coltivate nei campi, come le patate e i piselli, e quando servono per intrecciare collane non le colgono nemmeno col gambo. Le operaie, che lavorano a cottimo, staccano le corolle e basta. Poi le rovesciano in recipienti di alluminio, alla rinfusa: come se fossero davvero patate o piselli.

Big Bill parlava scotendo rassegnato il testone e intanto io guardavo quelle donne col *muumuu* che quando è stretto alla vita e scollato si chiama *holomuu*, quando è privo di maniche ed ha il colletto come il *cheongsam* si chiama *pakemuu*, ma comunque resta il vestito più stupido e brutto che esista nel mondo: scomodo, inoltre, perché impaccia le gambe, e non si capisce come donne moderne lo possano ancora portare. Se non fosse stato per quel vestito stupido e brutto e per quella statistica letta sopra l'opuscolo, non avrei certo creduto che esse erano vere hawaiane: chi aveva un volto giallo, chi bianco, chi nero. Così lo dissi a Big Bill che tirò un lungo sospiro. «Vedi, gente. Un tempo questo mare scoppiava di pesci. Ora i pesci non ci sono più. Dove sono andati i pesci, mi dico. Un tempo questo cielo palpitava di uccelli. Ora gli uccelli non ci sono più. Dove sono andati gli uccelli, mi dico. Le vere donne hawaiane non esistono più: come i pesci e gli uccelli.»

«Perché, Big Bill?»

«Non lo so, non è solo questione di razza. Il fatto che da noi si sia tutti mischiati è simpatico. Non c'è mica il segregazionismo, da noi. È una questione di vita. Prima erano gaie, facevan l'amore senza vergogna, partorivano figli fuori del matrimonio e questo era un vanto: perché solo a quel modo un uomo sapeva di sposare una donna feconda. Erano ubbidienti, ignoravano la gelosia. Ora son malinconiche, non puoi toccarle nemmeno se il parroco ti ha dato il permesso. Trattano il marito come se fosse uno schiavo, per una sciocchezza minacciano di domandare il divorzio. E poi ti fanno fare anche la dieta, perché in America usa così. Guarda me, ero centosettanta chili quando quella strega di moglie non mi impediva di bere la birra; una cassa di birra al giorno bevevo. Ora son centodieci e non mi diverto più a vivere. E neanche le nostre donne, sai, si divertono più a vivere. E neanche i pesci, neanche gli uccelli. Per questo, forse, se ne sono andati da qui.»

Sì, se ne sono andati davvero insieme alle donne che Stevenson e i viaggiatori dell'Ottocento ci descrissero con tanto entusiasmo. E da quando sul trono d'oro e velluto di Palazzo Iolani, dove la regina Emma sedeva insieme a re Kamehameha, siede un governatore in doppiopetto grigio che parla con insopportabile accento yankee, la speranza di ritrovarle è perduta. Nel pomeriggio andammo al Villaggio Hawaiano, che il municipio costruì nel cuore della città coi medesimi criteri di Disneyland. Ci avevano detto che qui si possono ancora vedere le ragazze che ballano la hula hula col gonnellino di foglie. Ma tutto ciò che trovammo fu lo Hula Camera Show organizzato dalla Kodak per chiunque voglia fotografare le ragazze dopo aver comprato la pellicola Kodak; poi una lezione gratuita di hula offerta da una ditta di cosmetici. La lezione si svolgeva su un palco all'aperto. C'era un grammofono che suonava una musica languida, poi una brunetta col gonnellino di nylon. La brunetta agitava i fianchi e invitava le turiste a salire. Qualcuna saliva e quasi sempre eran vecchie coi capelli viola e il busto strizzato nella pancera elastica: lo spettacolo appariva penoso. Sul medesimo palco, la sera alle nove, c'era una pubblica gara di hula e le partecipanti potevano acquistare i gonnellini di nylon con lo sconto del dieci per cento. Molti preferivano andare in un night-club dove, almeno, le danzatrici erano professioniste. Ci andammo anche noi e il night-club era un qualsiasi night-club americano, le danzatrici erano brave ragazze che studiano batteriologia o matematica all'Università di Honolulu e in quel modo cercano di mantenersi agli studi. La maggior parte non erano nemmeno hawaiane, venivano da San Francisco, Los Angeles o addirittura Tahiti. Ignoravano perfino il significato di quei movimenti che del resto facevano con aria molto annoiata, a casaccio. La sola vera hawaiana che potessi incontrare a Honolulu, disse Big Bill, aveva settantadue anni e viveva al museo. Si chiamava Mary Kawena Pukui. Al museo completava l'unico vocabolario che esista dal polinesiano all'inglese.

Era un po' buffo aver fatto tante decine di migliaia di chilometri per cercare una vecchia al museo. Comunque la mattina presto ci andammo: comprando il biglietto per entrare nel salone dov'era tutto ciò che restava d'un paradiso perduto. Nel centro del salone c'era una capanna di legno con una polinesiana di legno che ci fissava con occhi di vetro, e una ragazza viva che intrecciava per i visitatori le foglie di palma ricavando una stuoia che subito però disfaceva per intrecciarla di nuovo. Appesa al soffitto c'era una balena spaccata a metà che una guida spacciava per Moby Dick. La balena sembrava di gesso e puzzava di medicinali. La guida spiegò che tutti i giorni un medico dell'Ufficio di Igiene le faceva una iniezione di formalina per tramandarla ai posteri più a lungo possibile. Lo stesso puzzo di medicinali veniva dai vasi di vetro dove sono racchiusi pesci hawaiani, mosche hawaiane, serpenti hawaiani, perfino il cuore di un hawaiano che è un cuore identico a qualsiasi altro cuore, forse un poco più grosso. Poi c'erano le statue di cera delle regine hawaiane, tre o quattro canoe fatte con tronchi di *loa* ma anche queste puzzavano di medicinali: quasi che la vita e la morte fossero messe laggiù sotto spirito.

Alle pareti c'erano le fotografie dei missionari e delle missionarie che per lunghi anni avevano affrontato, soli, sacrifici e intemperie: coll'unico scopo di ridurre un mondo puro e felice dentro un puzzolente museo. Gli uomini avevano facce esangui, colletti duri, basette vanesie come Hiram Bingham; o barbe bianche e nasi crudeli come Asa Thurston. Le donne avevano occhi di gelo, labbra maligne, capelli tirati come Laura Judd, l'inventrice del *muumuu*. La guida spiegava che si doveva a costoro se le hawaiane erano oggi circondate di ogni rispetto: prima che Laura Judd e Hiram Bingham e Asa Thurston sbarcassero tenendo alta la Bibbia, le hawaiane conducevano vita vergognosa e immorale. Una volta all'anno partecipavano a un immondo festino detto il Festino della Fecondità, nel corso del quale ci si scambiava moglie e marito; quando un viaggiatore arrivava a una casa, il marito gli cedeva la moglie in segno di ospitalità.

C'erano anche le fotografie di James Cook, l'uomo che scoprì le Hawaii e che nel 1779 pagò con la vita questa scoperta: restando ucciso in una battaglia con i nativi. Infine c'erano quelle degli avventurieri europei che dopo la morte di Cook riuscirono a comprare quasi tutte le isole. Le compravano per una bottiglia di rhum, o una barca. E i nativi le cedevano dicendo che i bianchi sono ben stupidi: come si fa a comprare la terra che sta sotto i piedi e non si può portar via come una bottiglia di rhum o una barca? Così accettavano il contratto senza sospetto e un giorno i bianchi presero possesso della terra sventolando i contratti, e molti nativi impazzirono di dolore. Altri si ammalarono. I nuovi padroni portarono anche il virus della tubercolosi e della sifilide insieme alla loro astuzia, soprattutto le donne furon decimate in quegli anni. Il racconto che la guida faceva con voce annoiata aumentava quell'odore di morte. Forse per questo Mary Kawena Pukui, l'ultima vera hawaiana di Honolulu, mi parve l'unica viva.

Ci aspettava nel suo studio, nera e gigantesca come Big Bill, appena ammansita da un *muumuu* verde e giallo, con un grande fiore di ibiscus appoggiato come un cappello sui capelli d'argento, tutta un sorriso nella dolce bocca sdentata. Non aveva ereditato proprio nulla dal padre, che era un bianco del Massachusetts, ritiratosi a vivere tanti anni addietro su una collina dell'isola Hawaii. Ballava la hula, per salutarmi, e non riusciva nemmeno ad essere buffa muovendo quel corpaccione perché in lei la danza tornava preghiera. «Questo vuol dire ti amo» diceva incrociando le braccia sul seno ed agitando le dita. «Questo vuol dire bambino» diceva dondolando le braccia come se stesse addormentando un bambino. «Questo vuol dire albero» diceva alzandosi tutta verso il cielo. Ed ecco cos'era la hula: non quel dimenare sconcio di fianchi che avevo visto al Villaggio Hawaiano, ma un linguaggio femminile e fantastico che coi gesti narrava una storia, sull'accompagnamento di una musica lenta. «Hanno costruito grattacieli al posto degli alberi, hanno ammazzato la hula, hanno distrutto la nostra lingua» diceva Mary Kawena Pukui. «In hawaiano i bambini si chiamano fiori, la rabbia è il mare in tempesta, la pioggia è una frescura di petali, e questi imbecilli preferiscono dire *children*, *anger e rain*.»

Batté un pugno sulla pila di libri. «A che serve che io scriva libri, chiusa in questo museo? A che serve che faccia conservar sotto spirito un cuore umano e mezza balena? La notte io sogno di quand'ero bambina e vivevo sui monti, e mia madre andava a caccia e mio padre preparava il *luau*. Una volta all'anno ci amavamo tutti celebrando il *machahichi*, e i bambini più belli nascevano dopo il *machahichi*. Oggi *machahichi* è una parolaccia, se la dice le fanno la multa. Perché? Per me è una parolaccia il progresso e ciò che chiamate emancipazione. Gli uomini ci rispettavano, allora. Ora ci temono. Ci amavano, allora. Ora ci tollerano. Eravamo tutti uguali, uomini e donne, con gli stessi diritti, gli stessi doveri. Oggi a forza di predicar l'uguaglianza siamo diventati diversi. Oh, io lo so quel che cerca, bambina. Ma non lo troverà. Troverà donne simpatiche, più simpatiche forse di quelle che ha trovato finora. Troverà donne nuove, più nuove di quante ne abbia incontrate finora. Ma non troverà le donne libere e felici perché esse non esistono più.»

Naturalmente io non credevo a Mary Kawena Pukui. La gente, pensavo, fa sempre così. Rimpiange il passato come se il passato equivalesse al concetto del bene e odia il presente come se il presente equivalesse al concetto del male: volutamente ignorando che nel passato facevan lo stesso. Ma sì, quel lamento era sciocco e poi Big Bill sosteneva che ci voleva pazienza: avremmo dovuto girare le isole per trovare le vere donne hawaiane. Nelle altre isole non tutto era morto. Così ci mettemmo a girare le isole.

C'è solo mezz'ora di aereo tra Ohau e Kauai: Big Bill decise perciò di incominciar da Kauai, dove la giungla arriva fino alla spiaggia nera di lava, e le cascate d'acqua precipitano giù da montagne tappezzate di verde, e le orchidee son così grasse che, se rompete una foglia, cola un liquido denso come gelatina. Viveva Bernice Laniuma Hundley, a Kauai: detta zia Bernice. Ex dama di compagnia della regina Emma, ultima principessa dell'arcipelago, lo Hawaian Visitors Bureau la segnalava come un monumento o una specialità culinaria. Aveva novant'anni e viveva in una casa bianca di legno, in cima alla collina: non dentro un museo. Perciò eccomi dinanzi a zia Bernice, seduta su una poltrona a dondolo nella terrazza, il corpo secco e infagottato nel solito *muumuu*. Ma non assomigliava a un personaggio di Stevenson, l'avreste detta piuttosto l'eroina di una ballata di cowboy.

«Oh, l'Italia, l'Italia» diceva zia Bernice frugando nella memoria appannata il ricordo di un paese che si chiamasse così e mi veniva in mente, a guardarla, Clelia Garibaldi: quando andavo a trovarla a Caprera e non c'era nessuno sull'isola all'infuori di lei, due pastori e le pecore, la tomba di papà; ma un giorno erano venuti i turisti ed avevano invaso la pineta, le spiagge, e lei ne aveva avuto tanto dolore che il suo cervello aveva perso ogni lucidità. L'unica differenza tra le due vecchie era che dietro Clelia Garibaldi c'era una razza stanca, scaldata col termosifone: dietro zia Bernice c'era una razza gagliarda, nutrita dal sole. Infatti si svegliò quasi subito.

«Come stanno i bersaglieri?»

«Bene, grazie» risposi. «E lei come sta?»

«Sono preoccupata per il tifone. Sono anni che prego perché butti giù l'aeroporto. Invece arriva e scoperchia il mio tetto.»

«E perché il tifone dovrebbe buttar giù l'aeroporto?»

«Perché la gente come lei non venga a rompermi le scatole. Io non sono un cimelio da mostrare ai curiosi come Moby Dick.»

«Mi dispiace» balbettai. E feci l'atto di andarmene.

«Non faccia l'idiota» disse zia Bernice ributtandomi con uno spintone a sedere. «Ormai è qui, tanto vale che resti. Cosa vuole da me?»

Glielo dissi, sempre più imbarazzata.

«Sciocchezze. Tanto valeva recarsi direttamente a New York. Ma lei è tanto scema che mi vien voglia di aiutarla. Telefonerò a Gladys Brandt.»

«E chi è Gladys Brandt?»

«Una hawaiana da cui capirà qualche cosa. A che serve cercare le vecchie mummificate come me e Mary Kawena Pukui? Noi non rappresentiamo più nulla. Vada dalle giovani, piccola idiota.»

Mi insultava per aiutarmi, non per offendermi. E poi le vere hawaiane sono così, disse Big Bill: matte, insolenti e prive di freni. Quando hanno voglia di insultare, insultano. Quando hanno voglia di ridere, ridono. Ma sono buone e generose come poche altre. Così lasciammo zia Bernice che rideva, roca, e riprendemmo quell'assurdo pellegrinaggio che ci lasciava sempre più scontenti. Gladys Brandt dirigeva la scuola di Niihau. Era una bella donna in tailleur, col naso un poco camuso della sua razza, i denti forti e bianchissimi, un piglio professionale dietro gli occhiali. Malgrado il nome europeo, regalato da qualche missionario a un bisavolo, non scorreva una goccia di sangue straniero nel suo gran corpo robusto e fino a sedici anni era vissuta dentro la giungla insieme a un marito sposato a quattordici. Ora ne aveva trentotto ed era già nonna: durante quelle stagioni, molte cose l'avevan mutata. Abbandonata la giungla, era scesa in città, aveva studiato, s'era messa in tailleur. Presiedeva la Croce

Rossa di Kauai, era stata eletta Donna di Affari dell'Anno dalla Associazione per lo Sviluppo Economico delle Hawaii. Ovviamente, la cosa non doveva stupirmi, spiegò: nella società hawaiana le donne hanno sempre goduto di assoluta uguaglianza, tant'è vero che la monarchia fu tramandata in linea maschile e femminile. Quanto alla sua scuola, era una qualsiasi scuola americana: con la bandiera degli Stati Uniti in cima al pennone. Se volevo fotografare le allieve sugli sfondi più belli dell'isola, lei ne sarebbe stata felice perché ciò giovava al turismo.

Scegliemmo le allieve che vollero indossare il sarong perché, secondo il regolamento municipale imposto dall'Hawaian Visitors Bureau, le ragazze di Kauai devono sempre farsi fotografare in sarong. E pazienza se il sarong non lo porta nessuno, alle Hawaii. La gente si aspetta ugualmente di vederle in sarong. Poi le portammo a mangiare al Coconut Palms, l'albergo dei miliardari più miliardari d'America, e questo le rese felici perché al Coconut Palms aveva abitato Rossano Brazzi quando girava a Kauai *South Pacific*. Vollero guardare la camera dove Rossano Brazzi aveva dormito, e davvero conoscevo quel seduttore? Dio, che fortuna! Davvero ero stata ad Hollywood? Ah, che delizia! Loro non erano mai state in America ma ciascuna sognava di andarci, per fare carriera. Le più audaci sognavano addirittura di stabilirsi a Parigi e conoscere Sartre. Parlavano di esistenzialismo con molta scioltezza e con la stessa scioltezza posavano dinanzi a Duilio che si agitava, felice, come un galletto dentro un pollaio. Avevano volti graziosi, corpi sottili, capelli freschi di parrucchiere e non assomigliavan per niente alle aggressive vegliarde di prima. Priscilla era di origine indiana, assomigliava a un'indiana. Betty Lou era di origine cinese, assomigliava a una cinese. Florence era di origine negra, assomigliava a una negra. Jane era di origine portoghese, assomigliava a una portoghese. Sicché ora capivo perché zia Bernice mi aveva mandato da Gladys Brandt: perché Gladys Brandt mi facesse parlare con loro che erano identiche a tutte le giovani americane degli altri quarantanove Stati d'America e non avevano nulla da dirmi. Quando andammo sulla spiaggia e incontrammo una pescatrice polinesiana amica di Big Bill, si misero a prenderla in giro. La pescatrice aveva gambe tozze e lineamenti maschili, come le statue di legno nel museo di Honolulu. Diceva «petali di rosa» invece di pioggia e «mare in tempesta» invece di rabbia. Non aveva mai voluto imparare l'inglese e l'unica parola inglese che conoscesse era il suo nome: Lucy Maikai.

«Povera Lucy,» disse Big Bill; «lei se ne frega se queste cretine la prendono in giro, ma il guaio è che perfin le sue figlie la prendono in giro. Non le perdonano di continuar la sua vita e tutte e due sono scappate in America: una fa la maestra nel Texas, l'altra fa l'infermiera a San Francisco. Di loro non le sono rimaste che le fotografie. Una volta l'ho sorpresa a guardarle, e piangeva. *Aloha*, Lucy Maikai.»

«*Aloha*, Big Bill. *Haole wainiki?*» rispose Lucy Maikai, e voleva sapere se ero una donna bianca che per lei vuol dire straniera.

«*Haole wainiki*» disse Big Bill.

«Uh!» commentò con disprezzo Lucy Maikai. E si diresse verso una vecchia automobile arrugginita.

«Non mi dirai che va a pescare in automobile» esclamai, delusa, a Big Bill.

«Certo» rispose Big Bill.

No, nemmeno a Kauai avrei trovato ciò che cercavo. Così guardai Lucy Maikai che si allontanava sulla automobile arrugginita e annunciai a Big Bill che il giorno dopo saremmo andati a Kona, nell'isola Hawaii. A Kona mi aspettavano tre vere hawaiane: Sadie Seymour, Fanny Kanaihao Martinson e Irma Hind Lillie. Erano tra i quaranta e i cinquanta, vestivano il *muumuu* ed erano molto ospitali. Sadie aveva preparato tanti panini col salmone per fare il picnic sulla spiaggia e Fanny aveva tirato fuori la jeep per condurci a spasso nell'isola. Non capivano perché fossimo andati laggiù, credevano che volessimo conoscere l'isola. Così guidarono a lungo pei campi dove cresce il caffè, ci mostrarono il palazzo di legno di una antica regina, si fecero fotografare sotto un *lauhala*, che è un albero immenso con le foglie che hanno il colore del cielo, ci regalarono tante belle collane fatte con le conchiglie e i fagioli. Ma quando spiegammo ciò che cercavamo, parvero molto sorprese e dissero che non si sentivano affatto diverse dalle altre americane della provincia. L'unica differenza, forse, consisteva nel fatto che sapevano ridere meglio e ridevano un poco di più: nel gran continente hanno un'aria così preoccupata, forse perché il clima è cattivo.

Ma loro, come vivevano? Mah! Niente di speciale: Irma allevava maiali, Fanny allevava cavalli, Sadie coltivava il caffè. E non avevano marito? No, erano tutte e tre divorziate: gli uomini d'oggi sono troppo difficili, tanto vale star sole. Del resto, molte donne nell'isola vivevano sole: Hawaii è il più grosso centro di zitelle che esista in America. Qualcosa non va, da anni troppi uomini emigrano.

«E perché emigrano, Fanny? La terra è ricca, qui. E il clima è dolce. Comunque potreste emigrare con loro.»

Fanny arricciò il gran naso brunito e gettò un'occhiata a Irma ed a Sadie quasi chiedesse: dobbiamo dirglielo a questa qui?

«Il mio se ne andò sostenendo che ero diventata intrattabile e che tutte le donne di questo dannato arcipelago erano diventate intrattabili» rispose con una smorfia Irma.

«Anche il mio» disse Fanny.

«Anche il mio» disse Sadie.

«Ed è vero?» domandai.

«Oh, no» mormorò Sadie. «Certo, siamo un po' più moderne: che c'è di male? Ma intrattabili sono loro. Pretenderebbero che stessimo a casa come le nostre bisavole e la sera son troppo stanchi per occuparsi di noi. Lavorano, lavorano per fare carriera: così non sanno più fare l'amore e noi mogli finiamo col domandare il divorzio. Il progresso ci ha portato il divorzio. Perché non approfittarne?»

Certo, per restare sole: come le migliaia di donne che si vedono a Chicago e a New York. Eh, no. Nemmeno ad Hawaii avrei trovato ciò che cercavo, e nemmeno a Muai, nemmeno a Molokai. Non mi restava che un posto ormai, ed era Niihau. Ma andarci è proibito.

Niihau è l'isola più piccola dell'arcipelago, ci vivono solo duecentotrentotto abitanti di purissima razza polinesiana. Essa appartiene al signor Aylmer Robinson, che la ereditò da sua nonna, Eliza MacHutcheson Sinclair, una milionaria di Boston che nel 1864 la comprò dal governo hawaiano per la misera somma di diecimila dollari. Qui, dicevano tutti, i polinesiani vivono come cento e cento anni fa, lo scambio del denaro è proibito, il commercio dei liquori e delle sigarette è proibito, i debiti si pagano con le conchiglie, il normale mezzo di comunicazione è il cavallo; si va a cavallo senza la sella. Non ci sono scuole a Niihau, né medici, né preti, né poliziotti, né prostitute, né delinquenti, né prigioni, né malattie: in cinquant'anni s'è verificato solo un caso di ulcera. Non c'è nemmeno servizio postale: chi muore dalla voglia di spedire un messaggio, lo affida alla zampa di un piccione addestrato. E tutto questo perché Aylmer Robinson, un vecchio scorbutico e piuttosto romantico, vuol mantenere i duecentotrentotto polinesiani lontano dalle insidie della vita moderna, e preservarne la razza. Infatti nessun abitante di Niihau può lasciare l'isola senza il suo permesso. Se la lascia, non può tornarci mai più. E nessuno può andare a Niihau. L'unico modo per metterci piede è il naufragio o l'atterraggio forzato col paracadute. Però durante l'attacco di Pearl Harbor un pilota giapponese ci si buttò e venne scannato come un maiale. Una volta provò ad andarci anche un giornalista che per tre giorni rimase nascosto tra le piante a guardare ma poi lo trovarono e, se non fosse stato per Aylmer Robinson, ci avrebbe rimesso la pelle come il giapponese.

Naturalmente il governo americano ne è infastidito e il procuratore generale di Honolulu discute da tempo se il governo abbia o no diritti sull'isola che, facendo parte dell'arcipelago, fa parte anche del cinquantesimo Stato d'America. Ogni tanto, dalla Casa Bianca, parte un ordine di ispezione. Ma poi l'ispezione non si fa: capita che l'ispettore si ammali, che cambi mestiere. Aylmer Robinson è molto ricco e sa bene come fermare i curiosi. L'unico che non si lasciò corrompere da Aylmer Robinson fu, subito dopo la guerra, l'ispettore distrettuale Clifton Ashford che, in un indignato rapporto ad Eisenhower, spiegò come nessun abitante di Niihau avesse mai fatto il soldato. Eisenhower disse che se ne sarebbe occupato. Invece, con tutte le cose che aveva da fare, se ne dimenticò.

Certo mi sarebbe piaciuto andare a Niihau, che aveva tutta l'aria d'essere l'isola più felice del mondo, forse l'unica isola veramente felice che sia rimasta nel mondo. Ma Aylmer Robinson si guardò bene dal fare una eccezione per me e così dovetti contentarmi di raccattar le notizie a Honolulu. D'altra parte, mi accinsi al lavoro con molto entusiasmo: malgrado il rifiuto, sentivo una gran simpatia per Aylmer Robinson. Mi piaceva il suo romanticismo incompreso, la sua cocciutaggine. Mi piaceva Niihau, la cui esistenza bastava a giustificare quella stupida tappa alle Hawaii. Immaginavo senza fatica le donne di Niihau: libere, senza complessi, felici. Donne che ignoravano la schiavitù e l'emancipazione, l'umiliazione e la superbia: e mi davano una risposta a lungo cercata per mezzo globo terrestre. Appena tornata da Kona andai dal giornalista che aveva rischiato la pelle, poi andai dall'ispettore distrettuale Clifton Ashford, poi andai agli archivi dei quotidiani di Honolulu. Ma ecco ciò che scopersi.

Tanto per cominciare, i duecentotrentotto abitanti di purissima razza polinesiana vanno vestiti in blue jeans o in *muumuu*: ed è Aylmer Robinson che glieli fornisce affinché i suoi occhi di puritano non vengano offesi da nudità inverecondi. Poi le scuole ci sono. Rudimentali, ma ci sono: e ci si insegna l'inglese. Poi i piccioni viaggiatori sono uno scherzo: una volta la settimana Aylmer Robinson manda a Niihau una piccola nave e questa sbarca sardine in scatola, succhi di frutta, e giornali come «Time» e «Newsweek». Quanto alle donne, sono solo un poco più povere e più ignoranti di Lucy Maikai. Comunque hanno chiesto ad Aylmer Robinson una batteria, lui gliel'ha data, e con quella ci lavano i panni: con un bidone sono riuscite a fare una specie di lavatrice automatica. Quando non usano la batteria per i panni, la usano per ascoltare la radio. Ed è ben vero che se uno lascia Niihau non può più tornarci: ma è anche vero che i più se ne fregano e la lasciano per tentare la grande avventura a Kauai. Gli uomini cercano impiego come camerieri, le donne come operaie nelle fabbriche dove si inscatola l'ananasso. Del resto, Aylmer Robinson fa anche qualche generosa eccezione: quando una donna è incinta, la lascia venire a Kauai ed entrare in un ospedale. Quasi tutte le donne incinte vengono a partorire a Kauai perché s'è sparsa la voce che qui usa il parto indolore. Erano donne forti, le polinesiane. Partorivano da sole, nel bosco, e il giorno dopo ballavano la hula per rendere grazie al Signore, o ai loro dèi. Ma ormai preferiscono il parto indolore.

* * *

Tornai in albergo con una gran voglia di ridere. Il sole era caldo come in estate, il vestito di seta mi sembrava pesante. Le palme senza un granello di polvere accarezzavano il tetto dell'Ala Moana Hotel. Le onde infrangendosi contro le rocce di lava cantavano un rumore gradevole. Dopotutto, questa tappa era servita a qualcosa: a vedere il luogo di villeggiatura più bello del mondo. Nella mia camera c'era l'aria condizionata, il frigorifero era pieno di bibite fresche. Bevvi un succo di ananasso in scatola e scrissi una lettera di ringraziamento a Irma, Sadie e Fanny immaginando le grida festose che sarebbero scoppiate al riceverla. Erano simpatiche Irma, Sadie e Fanny. Avevano una spontaneità sconosciuta a qualsiasi altra donna di qualsiasi altro paese. Ma non si durava fatica a capire che era questione di anni, tutt'al più di decenni: le Sadie, le Irme e le Fanny della prossima generazione non avrebbero avuto, sulle altre, nemmeno questo vantaggio. Sarebbero state cretine e ambiziose come le studentesse di Gladys Brandt. Poi chiamai Duilio che non pensava più a cercar le ragazze, e decidemmo di mangiare da Willow's, che è il più famoso ristorante hawaiano di Ohau e appartiene a Kathleen Perry, figlia di Emma Kahanamoku Ai Austen, eletta nel 1959 The American Mother of the Year.

Emma era una dolce, vecchia polinesiana che prima della guerra abitava in una capanna. Ma un bombardamento l'aveva bruciata e Kathleen aveva costruito al suo posto quel ristorante in falso stile hawaiano: coi muri coperti con tronchi d'albero e i tavoli illuminati da torce. Questa sera Kathleen aveva organizzato un *luau* e si mangiava accocco-lati per terra, senza cucchiaio né forchetta. Il maiale cotto tra i sassi arroventati era servito su foglie di banana, come si vede nei film musicali la cui azione si svolge nei Mari del Sud perché il Marine possa innamorarsi della nativa. Ciò eccitava i turisti che ridevano come babbei e mangiavano, insieme al maiale, gli ibiscus delle loro collane. Così ce ne andammo assai presto e ci consolammo bevendo whisky on the rocks al night-club del Villaggio Hawaiano dove si poteva anche ballare con le ragazze e i giovanotti più at-traenti dell'isola. Il mio hawaiano era biondo e studiava batteriologia. L'hawaiana di Duilio era rossa e insegnava ginnastica. Erano belli come due comparse di Hollywood e sapevano fare discretamente la corte. Il mio mi regalò una cardenia. Ma presto diventarono troppo invadenti e li piantammo.

Al villaggio i negozi erano aperti sebbene fosse già mez-zanotte. Con cattiveria masochista comprammo uno stupi-do *muumuu*, una stupida camicia *aloha*, una ancora più stu-pida sottanina di nylon per ballare la hula. Un whisky di più e saremmo saliti sul palco a ballare la hula con le turiste dai capelli viola. Big Bill ci aveva raggiunto e il suo faccione color cioccolata era mortificato. Si grattava il naso e scote-va la testa come se gli fosse morta una zia. Sulla porta del-l'Ala Moana ci tese la mano che di sotto era rosa come quel-le dei negri.

«Allora, addio gente.»

«Addio, Big Bill.»

«Mi dispiace, gente. Siete rimasti delusi ma non è colpa mia.»

«Ma no, Big Bill. Non è colpa tua. È colpa nostra. Avevi proprio ragione: le vere donne hawaiane non esistono più, come i pesci e gli uccelli. Ormai le hawaiane sono quelle che ho visto, ecco tutto. Dovremmo piangerci sopra?»

Lasciammo Honolulu verso l'alba. Un doganiere scrupoloso ci frugò le valige per vedere se avessimo bulbi o semi di fiori: esportarli nel continente è proibito. Li avevo ma non li trovò. Peccato perché mi avrebbe risparmiato un'altra delusione. In Italia quei semi non fiorirono mai e solo il bulbo di una orchidea immensa e carnosa sbocciò: ma per dare una specie di miosotis piccolo piccolo e così anemico che metteva tristezza a guardarlo. Poi il doganiere mi strappò dal vestito la cardenia dello studente hawaiano: anche esportare una cardenia sul vestito è proibito. L'Ufficio di Igiene ed Etnologia tollera esclusivamente orchidee sterilizzate da uno speciale concime. L'aereo era pieno di turisti con le orchidee sterilizzate intorno al collo, nel pomeriggio giungemmo a Los Angeles e la mattina dopo eravamo a New York: la metropoli dove le donne comandano come in nessun'altra parte del mondo. A New York, Duilio trovò ciò che cercava da tempo: la sua ragazza, avvertita con un telegramma, era lì ad aspettarlo. Si chiamava, diciamo, Laureen. Era una ragazza molto bellina, coi capelli biondi e il corpo sottile delle americane che fanno la dieta. Era truccata con cura prolissa e sapeva di deodorante. Rovesciò su Duilio una tal pioggia di *honey*, *sweety*, *sugar* che per un attimo mi sentii anch'io appiccicosa come una caramella disfatta. Sembrava tenera come una giapponese, materna come una malese, femminile come un'indiana, umile come una mussulmana ma presto, al volante della automobile, diventò autoritaria come un'americana e disse a Duilio di stare zitto e non fare programmi: quei due giorni a New York li aveva già organizzati e guai a lui se cambiava una virgola.

Era ancora inverno, a New York; il freddo gelava le ossa e per questo, forse, mi gelava anche il cuore. Laureen guidava con gesti sicuri, dopo venti minuti eravamo già in piena Manhattan e dai finestrini appannati ritrovavo, come un bimbo che torna in collegio dopo un eccitante week-end al Luna Park, un terrore dimenticato. Era il terrore di quei grattacieli sporchi, di quelle strade assordanti, di quegli uomini che corrono, corrono senza guardare le donne o degnandole appena d'una occhiata avvilita, di quelle donne che corrono, corrono senza guardare gli uomini o degnandoli appena d'una occhiata nemica. Dentro gli edifici illuminati in perpetuo col neon giacché non vi arriva la luce calda del sole, migliaia di donne moderne combattevano la guerra contro i maschi avviliti; ed erano forti, potenti, e maledettamente sole. A mezzogiorno, quando gli uffici si vuotano per la pausa del lunch, esse uscivano come un aggressivo triste torrente e sedevano agli snack bar dinanzi a un hamburger con l'insalata. Tra un boccone di hamburger e una foglia di insalata si giravano talvolta a dire qualcosa a un uomo che sedeva dinanzi alla sua insalata e il suo hamburger, e in fondo alle loro pupille tremava una golosità di cui l'uomo aveva paura perché non rispondeva. O rispondeva sbattendo le palpebre.

Allora esse si alzavano, pagavano in fretta. In fretta facevano qualche acquisto da Macy's dove uno stand speciale pubblicizzava certi bei grembiulini da uomo con la scritta: «Fate indossare il grembiule al marito che vi aiuta in cucina». In fretta rientravano negli edifici illuminati in perpetuo col neon ricominciando quella guerra ridicola e destinata comunque al successo. Non è forse vero che le donne in America hanno una autorità sconosciuta a tutte le donne del globo terrestre? Tre quarti della potenza economica americana è in mano alle donne. Le donne posseggono il sessantacinque per cento delle azioni delle grandi società, il settanta per cento delle polizze di assicurazioni, il sessantacinque per cento dei libretti di risparmio. In altre cifre: cento miliardi in libretti di risparmio, settanta miliardi in Buoni del Tesoro, ottanta miliardi in azioni industriali. L'intera politica americana è dominata dalle donne: nel 1958 il Census Bureau accertò che l'elettorato femminile superava quello maschile di quattro milioni e mezzo; un candidato alla presidenza deve innanzitutto piacere alle donne. Quasi tutta la vita culturale americana è controllata dalle donne: l'insegnamento nelle scuole (sessantacinque per cento), le gallerie d'arte (ottantaquattro per cento), i teatri (sessantatré per cento), i cinema e la TV (cinquantotto per cento). L'allevamento dei figli, l'arredamento delle case, la professione del marito, i vestiti del marito, i divertimenti del marito, la dieta del marito sono decisi esclusivamente dalle donne. La donna americana incomincia a comandare l'uomo americano dal momento in cui egli apre gli occhi sul mondo al momento in cui li chiude per sempre. L'uomo americano apprende d'essere una creatura inferiore quando è bambino e la mamma lo protegge e lo coccola. Se ne accerta quando va a scuola e la maestra gli insegna a rispettar le bambine. Se ne convince quando diviene adulto e una ragazza lo sposa o gli ruba il posto in ufficio. La donna americana è un uomo.

È un uomo con molti vantaggi. Ha il diritto di votare, ma non ha il dovere di andare alla guerra. Pretende che in ascensore il maschio si tolga il cappello ma, se poi si degna di dargli la mano, non si toglie neppure il guanto. Può citare l'ex fidanzato per mancata promessa matrimoniale ma l'ex fidanzato non può citare lei per la stessa ragione. Può chiedere gli alimenti dopo il divorzio ma il marito non può chiederli a lei, anche se essa lavora. Negli ultimi cinquant'anni il progresso tecnico americano ha avuto un unico scopo: rendere più facile la vita alle donne. Ma agli uomini, nemmeno pensarci. Le macchine lavapiatti sono state inventate per aiutare le donne. Le lavatrici automatiche sono state inventate per aiutare le donne. Ma una macchina per aiutare gli uomini che producono aspirapolvere, lavatrici automatiche e lavapiatti non è stata ancora inventata. E così mentre gli uomini si stancano perché le loro donne riposino, queste risparmiano tempo ed energia: prodotti indispensabili a rafforzare il potere.

Per questo, in America, si vedono più donne che uomini? Nel 1930, in America, le donne erano più numerose degli uomini per un milione e mezzo. Oggi si calcola che nel 1975 esse saranno più numerose degli uomini per sette milioni e mezzo. Ogni cento femmine nascono, in America, centonove maschi e mezzo. Fino all'età di diciotto anni la percentuale resta immutata: ma, tra i diciotto anni e i ventiquattro, a cento femmine corrispondono centotré maschi; tra i ventiquattro anni e i quarantadue, a cento femmine corrispondono ottantasei maschi; tra i quarantadue e il resto della vita, a cento femmine corrispondono sessantacinque maschi. In quasi tutti i paesi le femmine vivono più a lungo dei maschi poiché non è affatto vero che il sesso debole, fisicamente, sia debole: nelle femmine il sistema glandolare è più forte, la pressione sanguigna è più bassa, la difesa dai germi più facile. Ma l'America esagera un po'. La donna americana vive in media non meno di settantatré anni e sei mesi: più di qualsiasi altra donna sulla crosta terrestre. L'uomo americano, no. Incontrate tante vecchie in America. Ma gli uomini non dimostrano mai settant'anni; e nemmeno sessanta, a volte: spesso non ne hanno più di cinquanta. I consigli di amministrazione sono pieni di vecchie, mai di vecchi. I ristoranti sono pieni di vecchie, mai di vecchi. Dove si nascondono i vecchi?, chiedete. Non si nascondono. Morirono prima d'essere vecchi; schiantati dalla stanchezza accumulata nel costruire macchine nuove alle donne, dall'umiliazione subìta nella continua sconfitta che infliggevano loro le donne, dall'infarto cardiaco che colpisce per il settantacinque per cento più uomini che donne. Le statistiche affermano che, in America, la speranza che un uomo ha di vivere dopo i quarant'anni è minore che in qualsiasi altro paese; dopo i cinquanta, addirittura minuscola: il ventiquattro per cento di speranza in confronto al maschio italiano, il cinquantacinque per cento di speranza in confronto al maschio svedese. E queste statistiche, badate, non calcolano il numero degli uomini morti alla guerra. Sono state prese in tempo di pace: quand'era finita perfino la guerra in Corea.

L'America, dunque, è piena di vedove. Contro un milione e mezzo di vedovi esistono attualmente nove milioni di vedove. Le incontrate ovunque nel mondo: in Italia, a Parigi, sulla Costa Azzurra, a Miami, in Oriente, come la vedova di Baltimora che voleva l'autografo della maharani al Rambagh Palace di Jaipur. Ma non vi commuovono come le vedove indiane: non sono così disgraziate. Sono allegre, di solito, ricche perché ereditarono i risparmi del defunto marito, si sanno godere la vita: quasi assassini in libertà. Ed ora, camminando per Manhattan e guardando quegli uomini belli, fisicamente robusti, simpatici, ma dall'aria così rassegnata e avvilita, mi sembrava di vedere un cimitero di ossa bianche, spolpate: le ossa degli uomini destinati a morire anzitempo di stanchezza, umiliazione, infarto cardiaco, uccisi dalle medesime donne infelici che vi rovesciano addosso una pioggia di *honey*, *sweety*, *sugar*, quasi mantidi religiose che prima posseggono il maschio e poi lo divorano.

Anche Duilio aveva un'aria mezzo spolpata mentre sedeva in un ristorante di Broadway insieme a Laureen, e Laureen spiegava come si fosse messa a far la fotografa e lavorasse in un quotidiano e fosse ormai in grado di avvilire qualsiasi collega in calzoni. Per tanta carriera, Laureen aveva divorziato due volte ma ora cercava sollievo alla sua solitudine avvicinandosi, come una mantide religiosa, all'ignaro Duilio.

«Perché non ti stabilisci a New York, *honey*? Sai, *sweety*, si guadagna molto di più a New York! E poi, *sugar*, ci sono io a proteggerti. Se mi ubbidisci, fai fortuna in un anno.»

«Eh, eh! Magari!» diceva Duilio e non capivo fino a che punto la sua diffidenza di italiano e la sua pigrizia di romano avrebbero saputo resistere.

«Allora, *sweety*? Pensaci, *honey*» insisteva Laureen. E la sua voce vibrava perché stava giocando una carta importante, forse l'ultima che le fosse rimasta.

«Ah, l'America... l'America...» diceva Duilio un po' incerto. E mi faceva pietà. Quasi quasi vedevo già le sue ossa che dormivano bianche, definitivamente spolpate, nel grande smog di New York. Ma d'un tratto i suoi occhi furbi guardarono Laureen e tutta la sua prudenza europea sorse a difenderlo. Si ricordò d'avere già avuto da Laureen ciò che voleva. Si ricordò che New York non è Roma: a New York si lavora molto di più. E cambiò sveltamente discorso: raccontando episodi del lungo viaggio.

Laureen incassò: come un pugile che ha perso l'occasione di vincere un match e può sempre rifarsi ma non ne è proprio sicuro. Ed ora, era lei a farmi pietà. Povera Laureen: sembrava una divoratrice eccellente ma fino a che punto era responsabile d'essere tale? Viveva in un mondo di uomini deboli, incatenati a una schiavitù che essi stessi alimentano e di cui non sanno liberarsi, così ciechi da non vedere l'abisso nel quale precipitano se stessi e le loro avversarie. Esistevano altre vie d'uscita per le donne come Laureen?

La sera, quando la subway le inghiottiva per sputarle dinanzi all'appartamento pagato coi soldi di tanta indipendenza, una malinconia disperata appannava loro il cuore e il cervello: tutta New York sembrava sussultare dei loro rabbiosi sospiri. Così riscappavano fuori e di nuovo la subway le inghiottiva per sputarle dinanzi ad un cinematografo o un bar dove si sarebbero ubriacate, sole, a pensare quanto è ambigua la loro vittoria di cui il mondo parla fino a farne un problema. E Dio sa se è un problema. Con quegli eterni bambini che cercano la madre perfino in una segretaria, esse esercitano, sì, autorità e autosufficienza, ma allo stesso tempo sognano umiltà e compagnia: poiché non si sfugge alle regole ferree di una società, ma non si sfugge nemmeno ai sentimenti più semplici. Riscattata da questo dilemma, era dunque colpevole, Laureen? Forse erano colpevoli i suoi precedenti mariti. Forse lei e loro erano colpevoli in uguale misura. Forse le piaceva assai meno di quanto credessi l'idea di fare un giorno la vedova e andarsene a spasso come un assassino in libertà.

«*Really?*» diceva malinconicamente Laureen alle storielle dell'allarmato Duilio. «*How interesting!*» Ma con gli occhi lo implorava a chetarsi, non gliene importava un bel niente di quelle storielle. Lui insisteva, sempre più allarmato, e silenziosamente sembrava incitarmi ad aiutarlo.

Non ne avevo troppa voglia, lo ammetto. I vincitori sono sempre antipatici e il cervello mi sollecitava almeno verso una vile neutralità: se la sbrigassero da loro, perbacco! Ma poi, con l'istinto della donna che è nata in un paese dove si adoperano ben pochi aspirapolvere o lavatrici automatiche, e le vedove riscuotono tutt'al più una pensione di quattordicimila lire al mese, e il peggiore degli uomini è sempre un uomo e come tale va più o meno accettato, mi sorpresi ad aiutare Duilio. Cominciai a parlare delle solite cose, del mondo che cambia, delle donne che cambiano, e dicevo che ovunque esse imparano ad imitare i nostri brutti vestiti europei, le nostre stupide scarpe col tacco, la nostra assurda competizione con l'uomo; ma per quanti modelli francesi si possano vendere nei magazzini di Tokio, per quante teorie femministe si possano urlare nei comizi di Bombay, per quante scuole di guerra si possano aprire alle ragazze senza cervello di Pechino e di Ankara, ovunque la differenza restava. Duilio annuiva. Laureen scoteva la testa. D'un tratto, con voce triste, esclamò: «Secondo me, le donne sono tutte uguali nel mondo».

Ma guarda. Anche la donna più saggia che avessi mai conosciuto, la Rajkumari Amrit Kaur, mi aveva detto la medesima cosa su una collina di Delhi: «Mia cara, le donne sono tutte uguali nel mondo, a qualsiasi razza o clima o religione appartengano, poiché è la natura umana che è uguale». Che avessero dunque ragione? Da un capo all'altro della terra le donne vivono in un modo sbagliato: o segregate come bestie in uno zoo, guardando il cielo e la gente da un lenzuolo che le avvolge come il sudario avvolge il cadavere, o scatenate come guerrieri ambiziosi, guadagnando medaglie nelle gare di tiro coi maschi. E io non sapevo se la pena più profonda l'avessi provata dinanzi alla piccola sposa di Karachi o dinanzi alla brutta soldatessa di Ankara. Io non sapevo se mi avesse spaventato di più la vecchia cinese coi piedi fasciati o questa americana impegnata a trattenere un italiano che sbadigliava di sonno.

Tutte, risposi a Laureen, erano più o meno consapevolmente lanciate verso qualcosa che non può provocar che dolore, un dolore sempre più complicato. Il grande ritornello che scuote le donne dell'intero globo terrestre si chiama Emancipazione e Progresso: ogni volta che sbarcavo in un nuovo paese mi trovavo dinanzi queste due parolone e le donne se ne riempivan la bocca quasi si fosse trattato di chewing-gum. Gliele abbiamo insegnate noi donne evolute, come a masticare chewing-gum, ma non gli abbiamo detto che il chewing-gum può far male allo stomaco.

«Dio, che noia» disse Duilio. «Mi fate venire un gran sonno. Io vado a dormire.»

«Ma no, andiamo a bere un whisky» disse Laureen. E cercava la mia complicità: «Tu che ne dici?».

Che dovevo dirti, Laureen. Assomigliavi talmente alla mia amica italiana che piange soffiandosi il naso. Girando come Calino intorno alla luna, ero tornata in ogni senso al medesimo punto da cui ero partita. E in quel girare avevo seguito la marcia delle donne intorno a una cupa, stupidissima infelicità.

APPENDICE

Nota dell'Editore

Nel 1960 Arrigo Benedetti, direttore de «L'Europeo», invia Oriana Fallaci all'estero per un'inchiesta molto diversa da quelle che in precedenza l'avevano portata da una costa all'altra degli Stati Uniti per raccontare lo star system americano. È la condizione femminile al centro di questa sua nuova indagine giornalistica e l'area di destinazione l'Oriente. Accompagna la Fallaci il fotografo Duilio Pallottelli che realizza per «L'Europeo» un reportage fotografico di eccezionale interesse per quei tempi. In anticipo rispetto al movimento femminista, la Fallaci mette a fuoco gli aspetti più critici nella vita delle donne, raccontando usi e costumi di società lontane da quella occidentale in cui è cresciuta e si è formata culturalmente. Dal materiale degli articoli nasce il libro che segna l'inizio del lungo rapporto con la casa editrice Rizzoli, ininterrotto fino alla scomparsa della scrittrice nel 2006 e continuato dopo la sua morte con la pubblicazione del romanzo postumo *Un cappello pieno di ciliege*.

Il titolo del volume è *Il sesso inutile* (dalla battuta di una giovane amica nella premessa al volume: «Mi lamento proprio di quello che ho. Ti senti più felice all'idea di poter fare ciò che fanno gli uomini e divenire magari presidente della Repubblica? Dio, quanto vorrei essere nata in uno di quei paesi dove le donne non contano nulla. Tanto, il nostro, è un sesso inutile»); il sottotitolo è «Viaggio intorno alla donna» e l'anno di pubblicazione il 1961; la sovraccoperta, su fondo arancione, ha un'impostazione grafica che valorizza l'attività giornalistica dell'autrice riproducendo una sua fotografia davanti alla macchina da scrivere, l'abituale Olivetti (è la medesima fotografia che appare sulla sovraccoperta di questa nuova edizione). È il suo primo successo, il libro viene più volte ristampato ed è tradotto all'estero, con undici edizioni straniere. Esaurita l'edizione rilegata, non esce in edizione economica ed è riproposto ai lettori nella nuova collana BUR delle Opere di Oriana Fallaci, con prefazione scritta per l'occasione da Giovanna Botteri. Nel testo di Oriana Fallaci è rispettata la grafia originaria di nomi di luoghi e persone, così come voluto dall'Autrice.

Segue un estratto da un articolo che Oriana Fallaci pubblica su «L'Europeo» il 23 settembre 1956, appassionandosi al caso di Soraya, ripudiata dallo Scià di Persia per ragioni dinastiche (non riusciva a dargli un figlio). È un testo che dimostra l'attenzione con cui la Fallaci approfondisce, fin dagli esordi della sua attività giornalistica, il tema dell'infelicità della donna e si interessa ai destini di paesi che diventeranno cruciali nel difficile equilibrio dello stato del pianeta.

Oriana Fallaci
«Solo dalla morte un figlio a Soraya»
«L'Europeo», 23 settembre 1956

[...] Sulla Costa Azzurra, Soraya sta vivendo l'ultima fase del suo dramma di moglie e di imperatrice. Non è vero che sia venuta in Europa per riposarsi. Come non è vero che è andata in America per vedere il paesaggio, in Germania per salutare il padre, e in Russia per una visita di cortesia. Tutti questi viaggi che ella cerca di camuffare sotto l'aspetto di vacanze o di incontri ufficiali hanno un unico scopo: farsi visitare da qualche famoso ginecologo per curare la sua sterilità e partorire l'erede di cui la Persia ha bisogno. Da anni questo pellegrinaggio doloroso continua, i maggiori ginecologi del mondo l'hanno visitata e rivisitata e ogni volta la risposta è stata la stessa. Si può ancora sperare, ma è quasi certo che Sua Maestà non può avere figli. L'ultima illusione di Soraya era rappresentata, le settimane scorse, da un celebre medico di Nîmes, e da un'ostetrica di Lione. Il medico giunse all'Hotel Eden Roc alle 12,50 del 6 agosto. Era un signore alto e pesante, con una borsa di pelle sotto il braccio. Scese in fretta dalla sua macchina azzurra, salì svelto sull'ascensore e, sempre a testa bassa, entrò in camera di Soraya, dove rimase trentacinque minuti. L'ostetrica giunse nel pomeriggio del giorno seguente. Era una donna smilza, dalla faccia legnosa, vestita dimessamente. Salì a piedi nella camera della regina, rimase mezz'ora, se ne andò senza salutare nessuno.

La sera stessa Soraya chiamò al telefono Teheran e per dodici minuti parlò con lo Scià. La linea fra Cap d'Antibes e Teheran passa per Nizza e, per un cavo sottomarino, attraversa il Mediterraneo. Più di una centralinista poté dunque seguire la conversazione. Nessuna capì una parola perché Soraya e lo Scià parlavano persiano, ma tutte furono d'accordo nel sostenere che la voce di Soraya sembrava angosciata e più di una volta fu interrotta da un singhiozzo. Lo Scià invece parlava con tono dolce, ma anche la sua voce sembrava alterata, quasi egli avesse il raffreddore. I nomi di Nîmes e di Lione furono fatti più d'una volta: nessun dubbio che i sovrani discutessero sul risultato delle visite mediche. A un certo punto la centralinista di Nizza si inserì: dolente ma c'era un'altra chiamata, da Parigi per Teheran, e bisognava interrompere. Soraya ebbe un'esclamazione di disappunto, poi disse: «Va bene», e aggiunse in francese: «Adieu, mon amour». Disse proprio così, sostiene la centralinista, «adieu, mon amour» e lo Scià rispose «mon amour». La centralinista è una ragazza discreta, non è abituata ad ascoltare la conversazione degli altri. Questa espressione, sostiene, la colse proprio per caso, perché s'era dovuta inserire nella linea. Di certo c'è solo che, dopo qualche ora, Soraya scese dalla sua camera con gli occhiali neri sebbene fosse già buio e sotto gli occhiali aveva le palpebre rosse e un po' gonfie.

Era vestita da sera ma, dopo essere rimasta qualche minuto al bar, non volle uscire per andare al ristorante. Salì in camera e si fece portare a letto una tazza di tè. Il vassoio fu consegnato dal cameriere nelle mani di Marie Louise: nessuno doveva entrare nella stanza. Per tutta la notte i camerieri udirono un pianto sommesso, come quello di un bambino.

Ecco dunque perché Soraya è così triste, sciupata e non riesce più a sorridere. L'imperatrice più bella del mondo non può avere figli e, siccome la Costituzione iraniana stabilisce un termine massimo di cinque anni per la nascita dell'erede, Soraya si trova ora alla «resa dei conti». Il 12 febbraio il termine è scaduto, lo Scià ha chiesto una proroga che è stata concessa, ma anche la proroga sta per scadere e nessuno si illude ormai che la maternità sia possibile, a meno di un miracolo. L'erede ci vuole: se Soraya non è capace di darlo, lo Scià la ripudi e si prenda un'altra moglie. Inutilmente lo Scià, che è rimasto a Teheran per combattere quelli che lo minacciano col Corano e con la Costituzione, cerca di impedire che il divorzio si compia. Una decisione si impone. Mai, come in questo caso, un problema dinastico si è presentato in modo tanto drammatico. L'Iran non è solo la centrale del petrolio più ricca del mondo. È anche importante come posizione geografica: vi si convogliano gli intrighi degli Stati adiacenti, dei grandi trust internazionali, dei padroni della finanza. Solo il trono può imporre un equilibrio di forze a questa situazione infernale e salvare così l'indipendenza del paese. Reza Pahlavi ha già difeso l'Iran dalla occupazione straniera: e fu nel 1945, alla fine della Seconda guerra mondiale. Ha salvato la ricca provincia dell'Azerbaijan dai russi. Ha superato il dramma del petrolio sconfiggendo, con l'aiuto degli americani, l'abilissimo Mossadeq. Ma tutto questo non basta. Perché queste vittorie siano durature è necessario che la monarchia sia forte. E perché la monarchia sia forte è necessario che esista un erede.

A questo scopo Reza Pahlavi ripudiò la prima moglie Fawzia, la bella sorella di Faruk che gli aveva dato solo una figlia, Shahnaz. Col medesimo scopo sposò in seconde nozze Soraya Esfandiary. Soraya aveva tutto per essere una imperatrice: era giovane, era sana, era bella, era figlia del capo dei Bakhtiyari, una tribù fedele alla dinastia dei Pahlavi. Era stata educata in collegi di lusso, in Inghilterra e in Svizzera,

era mussulmana, parlava persiano, veniva da una famiglia prolifica. Il matrimonio al quale essa apparve col celebre vestito di Dior, tempestato di settemila brillanti, fu una festa per tutto il paese. «Ecco la donna» si diceva «che ci darà il nuovo re.» Ma cinque anni sono passati ed è certo ormai che il figlio non viene, a meno che Soraya non rischi la vita: una pretesa che molte sette religiose avanzerebbero ma che lo Scià innamorato respinge con sdegno. Lo Scià ama Soraya. «Sono felice come un bambino a cui sia stata donata la luna» disse un giorno alludendo al suo amore per lei. Il dramma dinastico presenta anche un aspetto più umano: è la tragedia di due sposi innamorati.

Così, morto Reza Pahlavi, chi prenderà il suo posto? Colui che era considerato il principe ereditario in mancanza di eredi, Ali Reza, fratello minore dello Scià, è perito nel 1954 in un incidente aviatorio. Gli altri cinque fratelli dell'imperatore appartengono ad un'altra famiglia e non possono quindi regnare costituzionalmente. L'unica soluzione che i progressisti propongono, quella di eleggere principessa ereditaria Shahnaz, trova contraria la maggioranza del paese. Shahnaz, la figlia nata dal matrimonio con Fawzia, ha ora diciassette anni. È una ragazza bruttina, intelligentissima, autoritaria come il nonno, il tremendo Pahlavi che tagliava le teste come noi sbucciamo una mela e con un colpo di Stato fondò la dinastia che attualmente regna sull'Iran. Shahnaz ha ben poco di femminile, la sua scienza preferita è la strategia militare, le piacciono le uniformi. Ha la stoffa di un capo e potrebbe essere una perfetta regina. Ma la Costituzione iraniana, come tutte quelle orientali, non ammette una donna come capo supremo dello Stato. Rivoluzioni del genere sembrano impossibili in un paese dove le donne non hanno nemmeno il diritto di voto. Le sette religiose guardano con disprezzo a questi costumi occidentali. Il vecchio ayatollah Kashani, da tutti riconosciuto come il vero capo spirituale del paese, il medesimo che non ammette deroghe e pone sul piano costituzionale la mancata maternità di Soraya, si oppone con fanatismo alle correnti occidentalizzanti. Kashani ha dietro di sé la parte più retrograda del paese... gente a cui Soraya non è mai piaciuta. Ha la pelle troppo bianca, l'educazione troppo europea, i gusti troppo moderni. È figlia di madre tedesca, la considerano una «infedele». L'offensiva contro di lei l'hanno iniziata tre mesi fa, quando, approfittando del viaggio dello Scià a Mosca, suo padre venne richiamato dal posto di ambasciatore a Bonn. A Reza Pahlavi non restò che accettare il provvedimento, contentandosi di far nominare Esfandiary Bakhtiyari senatore a vita. Attaccando Soraya, i capi delle sette religiose rinverdiscono gli antichi rancori contro Reza Pahlavi, questo trentasettenne che parla l'inglese e il francese come il persiano, guida l'automobile e gli aeroplani da sé, pretende che le donne girino per strada senza velo e vorrebbe far diventare la Persia una nazione moderna.

[...] Non sono in pochi a credere che egli sarebbe disposto a rinunciare al trono andando a vivere in Inghilterra o in America piuttosto che acconsentire al divorzio. Nel qual caso avremmo un'altra coppia simile a quella dei duchi di Windsor, che passa la vita in eterne vacanze, vagando malinconicamente da una parte all'altra del mondo, scrivendo memorie, e alimentando pettegolezzi mondani. Davvero l'infelicità non risparmia nessuno, nemmeno i potenti. Per questo il volto di Soraya, quale l'ho visto in questi giorni a Cap d'Antibes, mi ha fatto impressione. L'immagine di questa giovane, ricca, potentissima, bella, adulata, che accarezzava il capo di un bambino americano alzando gli occhi pieni di lacrime, era talmente pietosa che nessun'altra donna, credo, vorrebbe trovarsi al suo posto.

Indice

Prefazione di Giovanna Botteri   V
Premessa   5

I   13
II   35
III   70
IV   89
V   125
VI   168

Appendice
Nota dell'Editore   199
«Solo dalla morte un figlio a Soraya» di Oriana Fallaci   201

Finito di stampare nel marzo 2009 presso
il Nuovo Istituto Italiano d'Arti Grafiche - Bergamo
Printed in Italy

RCS Libri

ISBN 978-88-17-02836-3